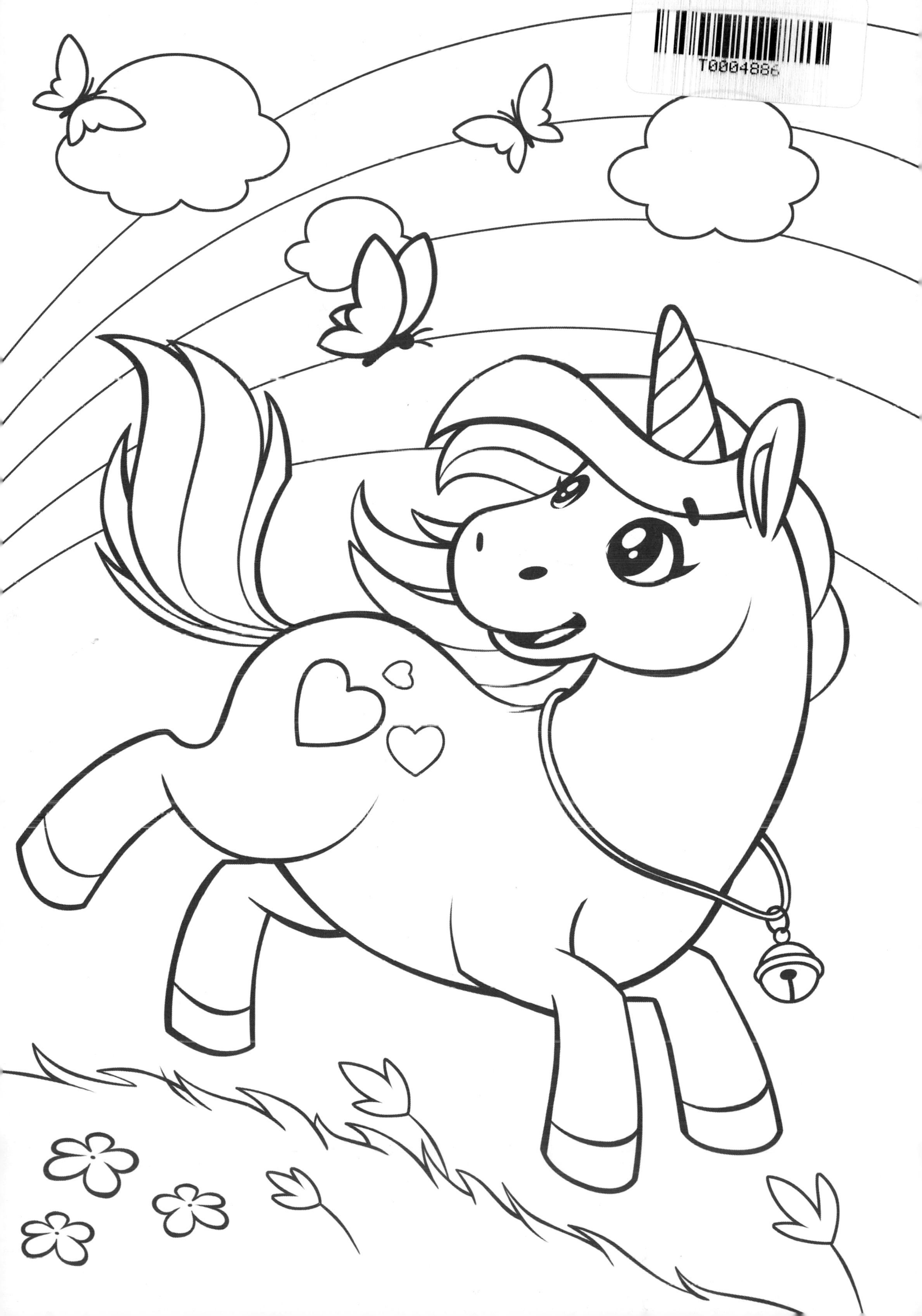

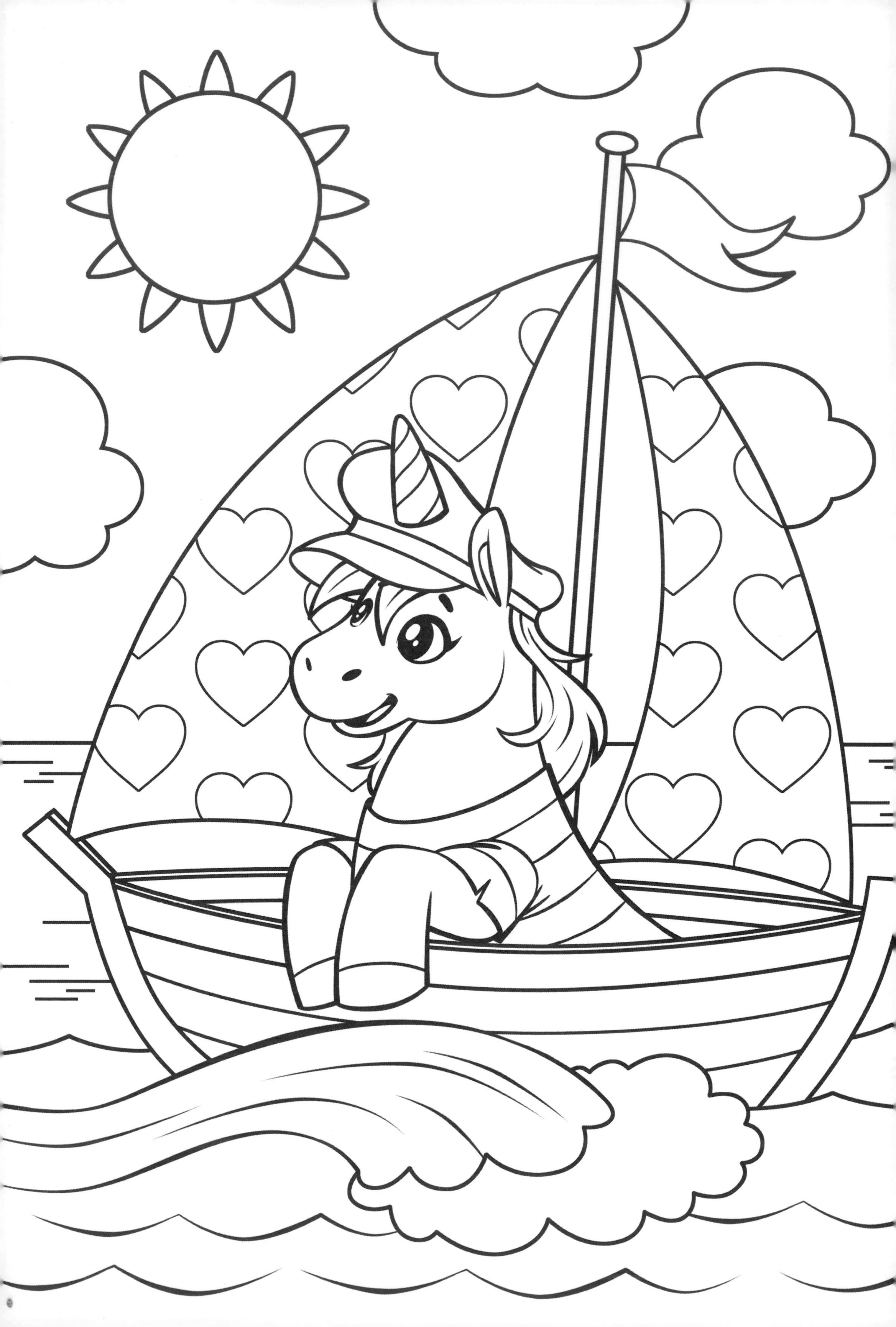

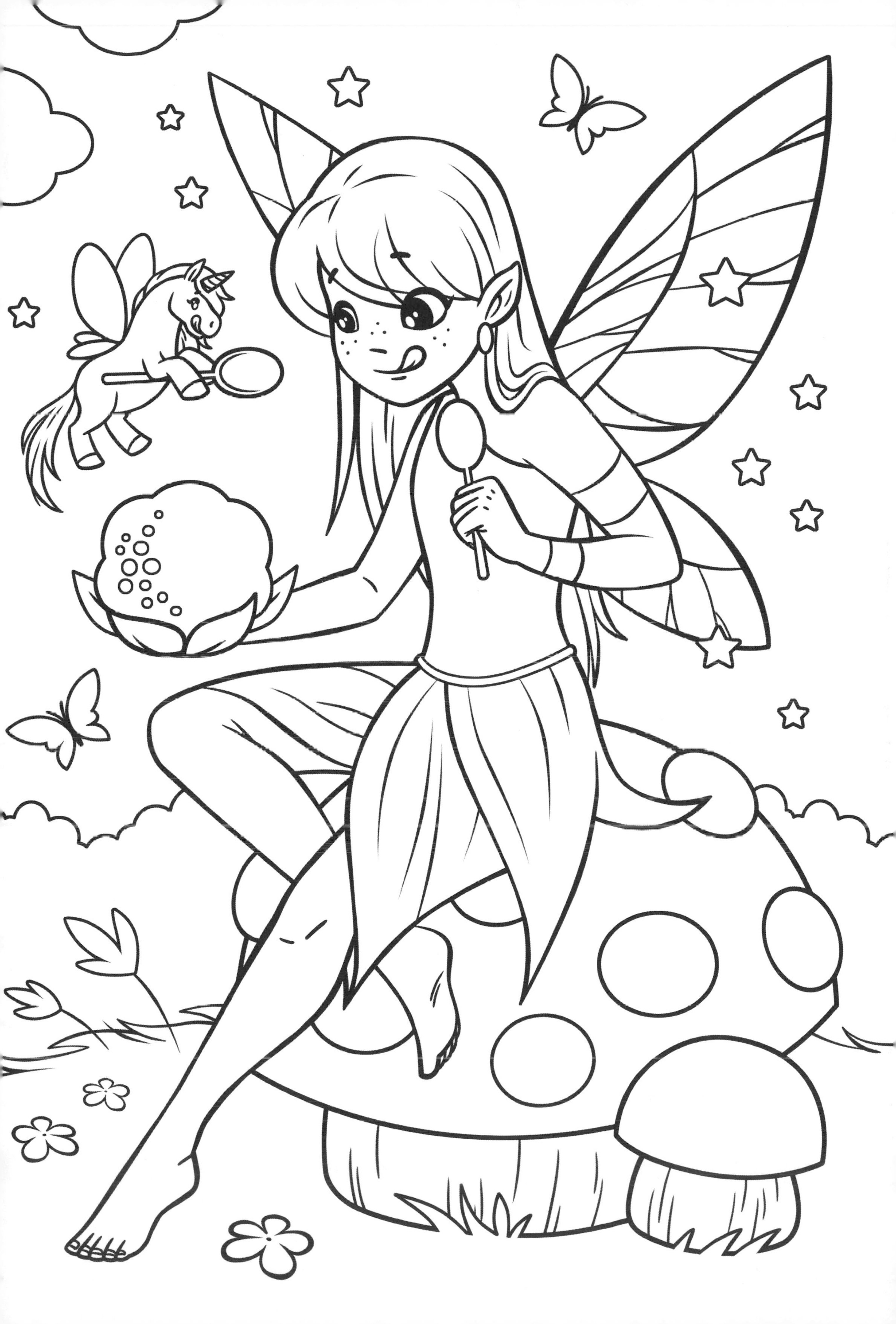

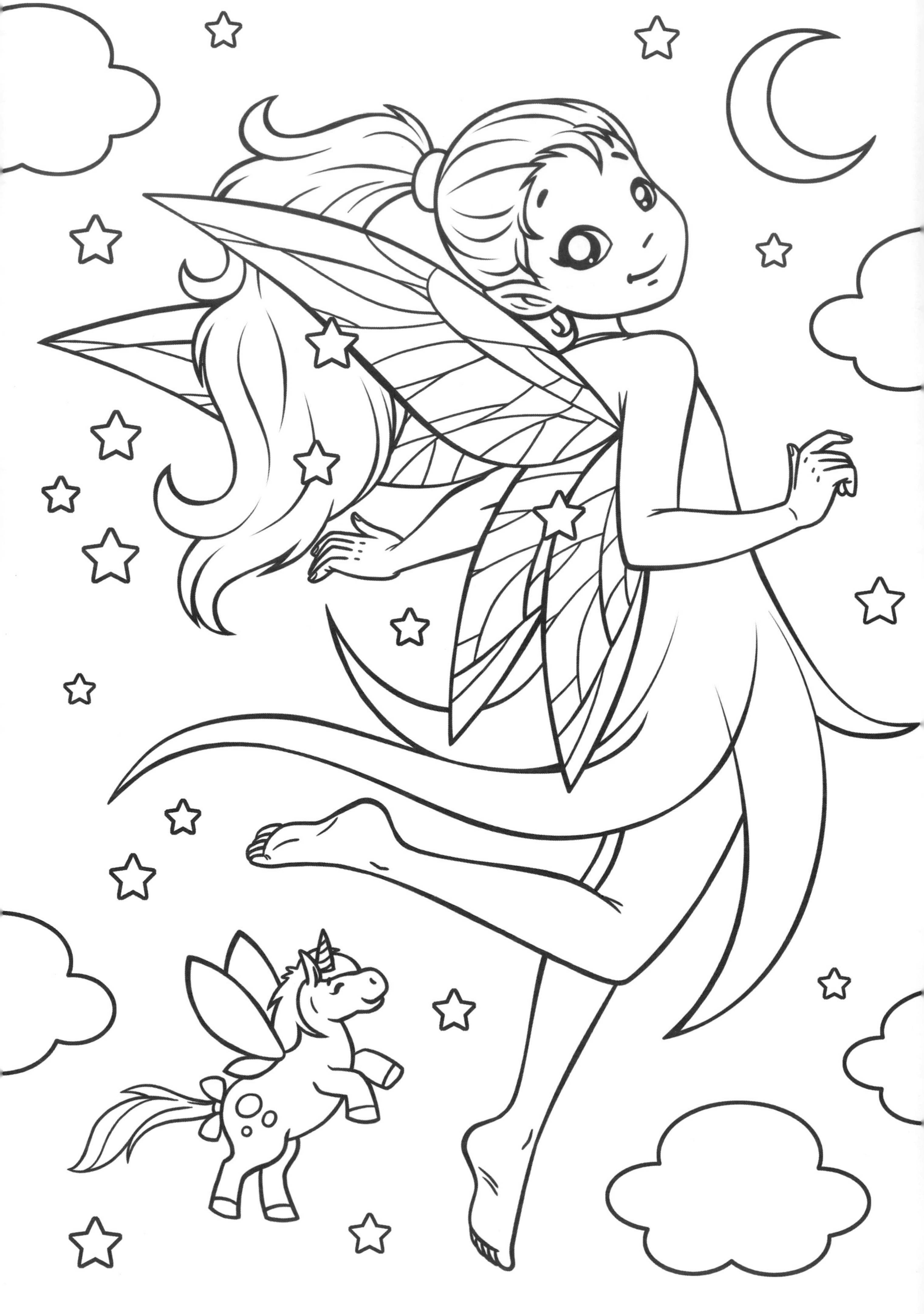

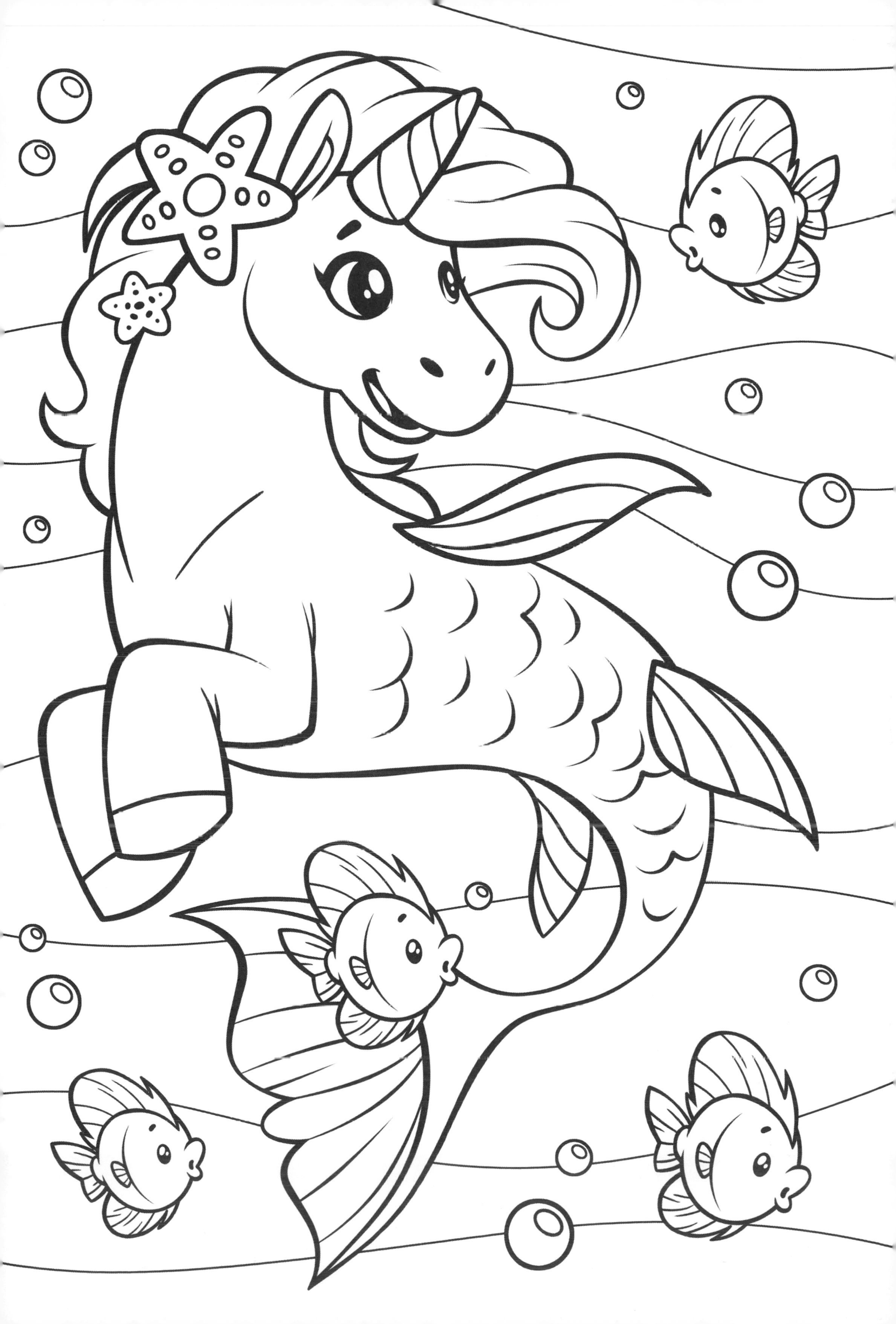

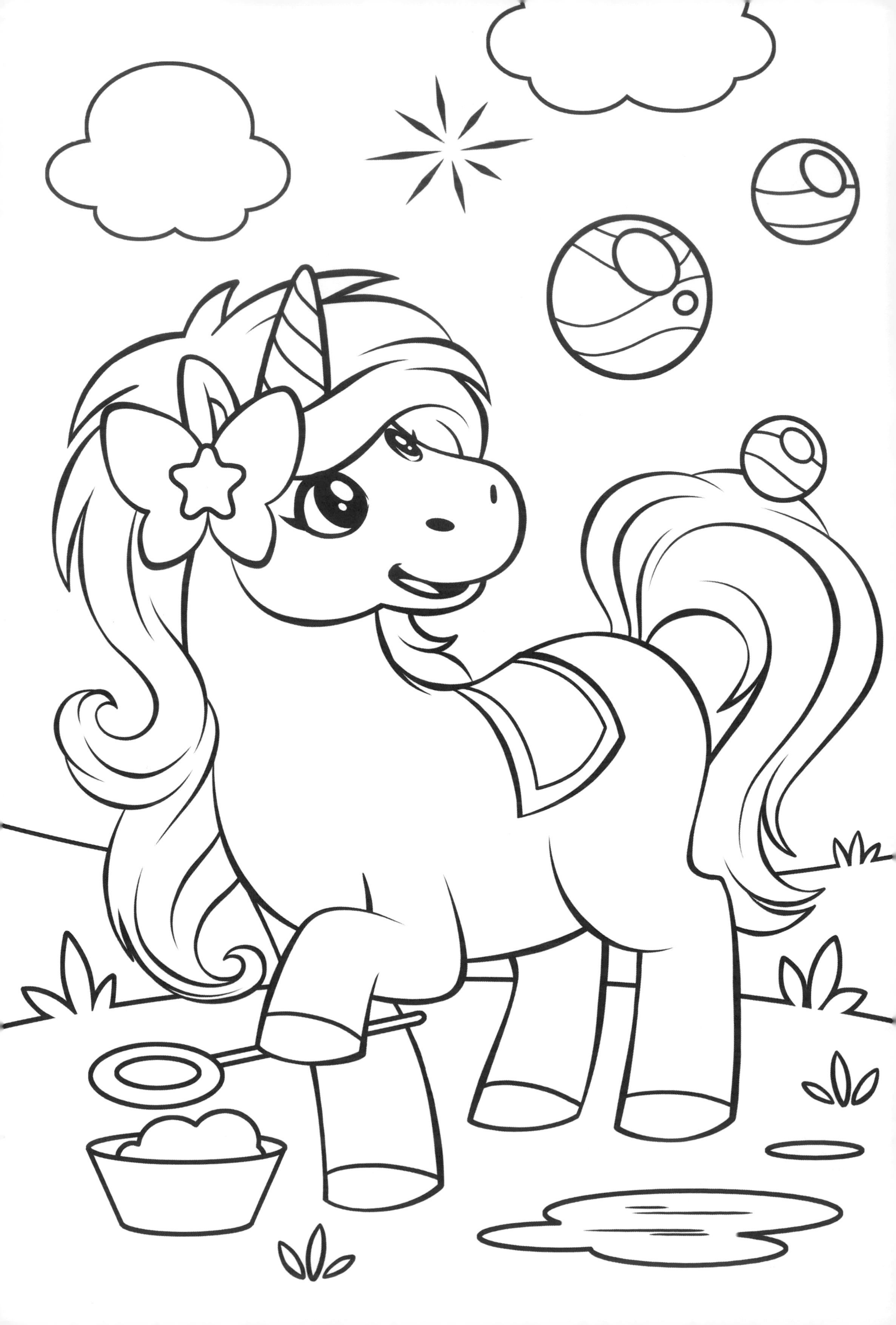

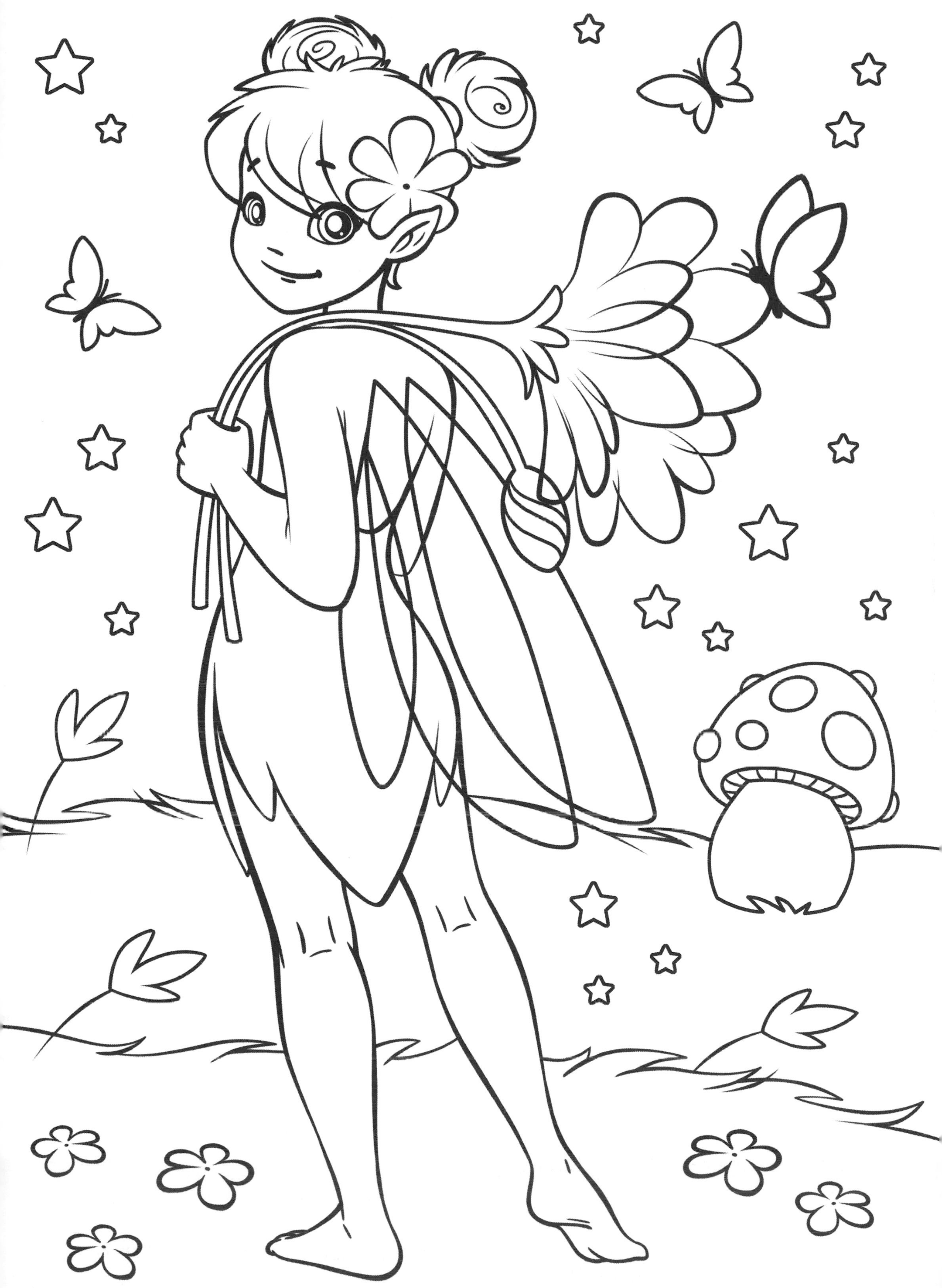

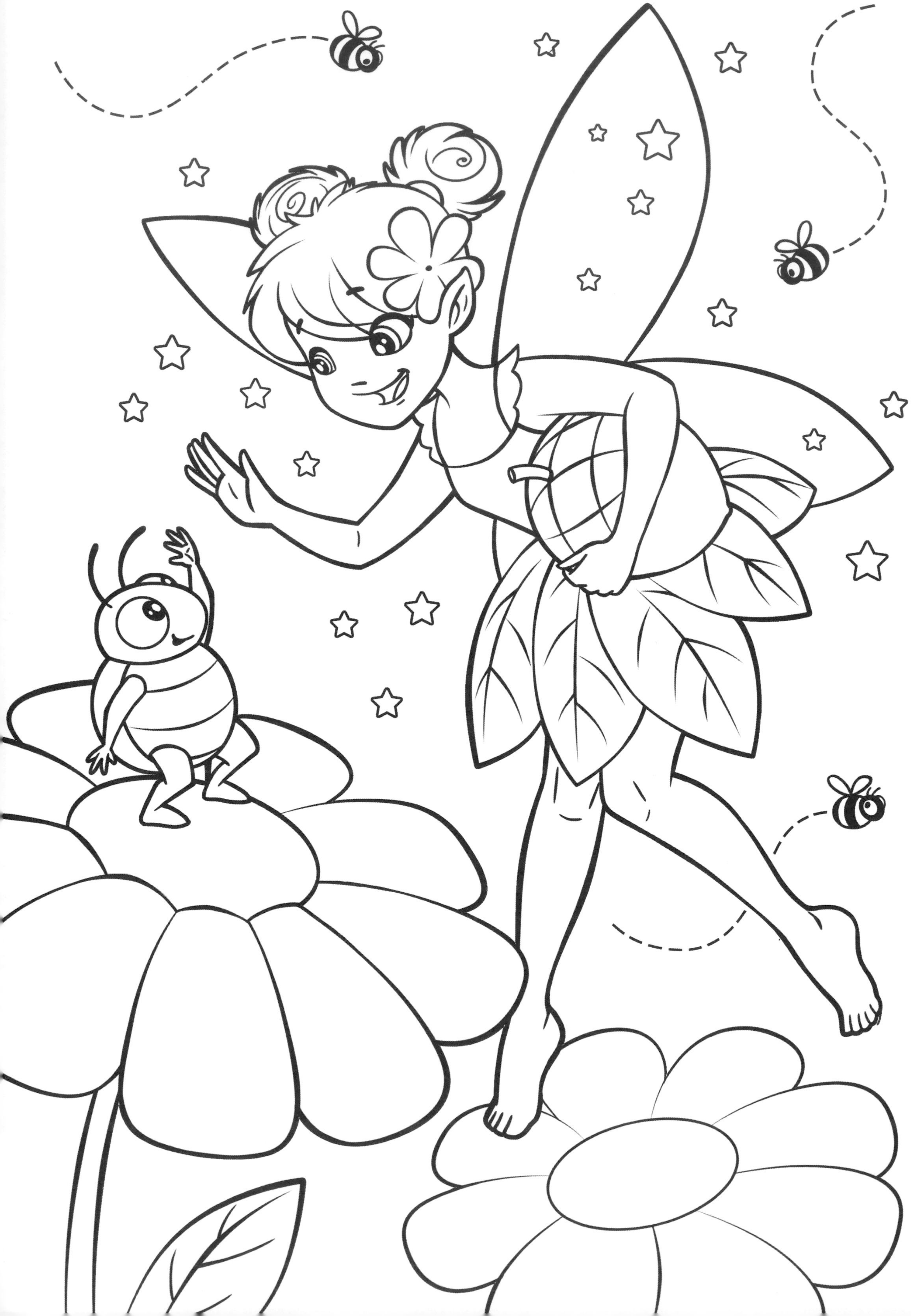

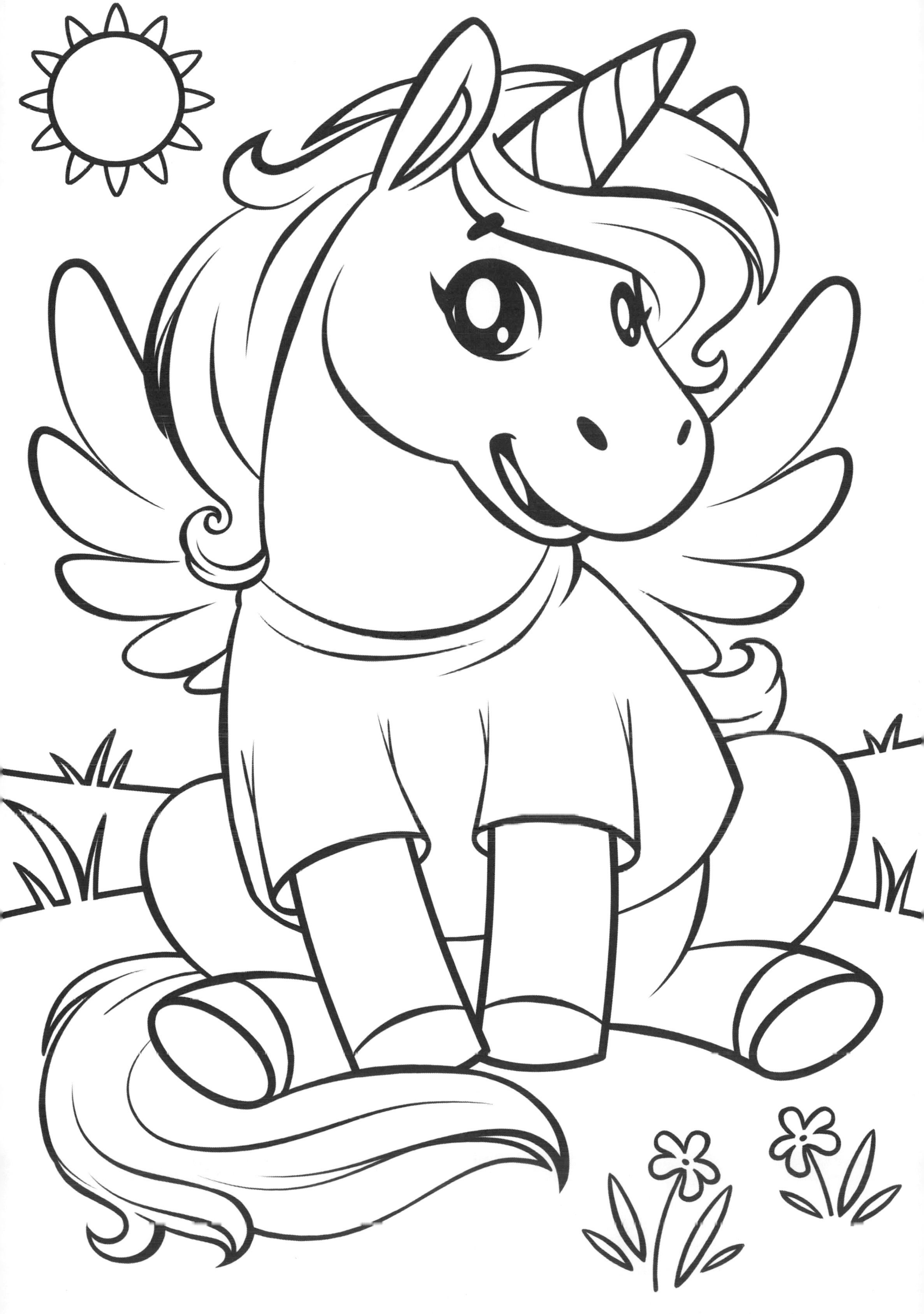

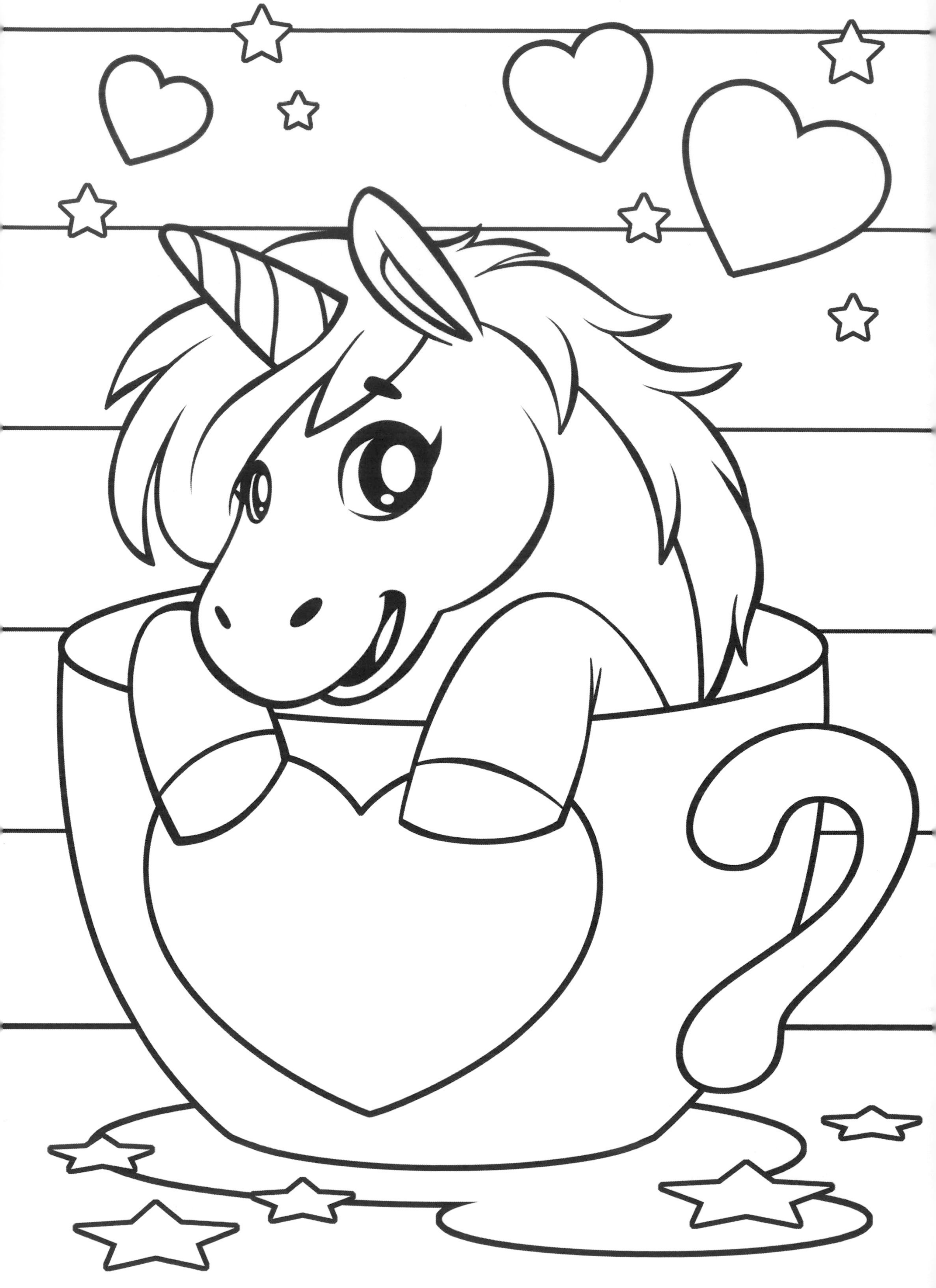

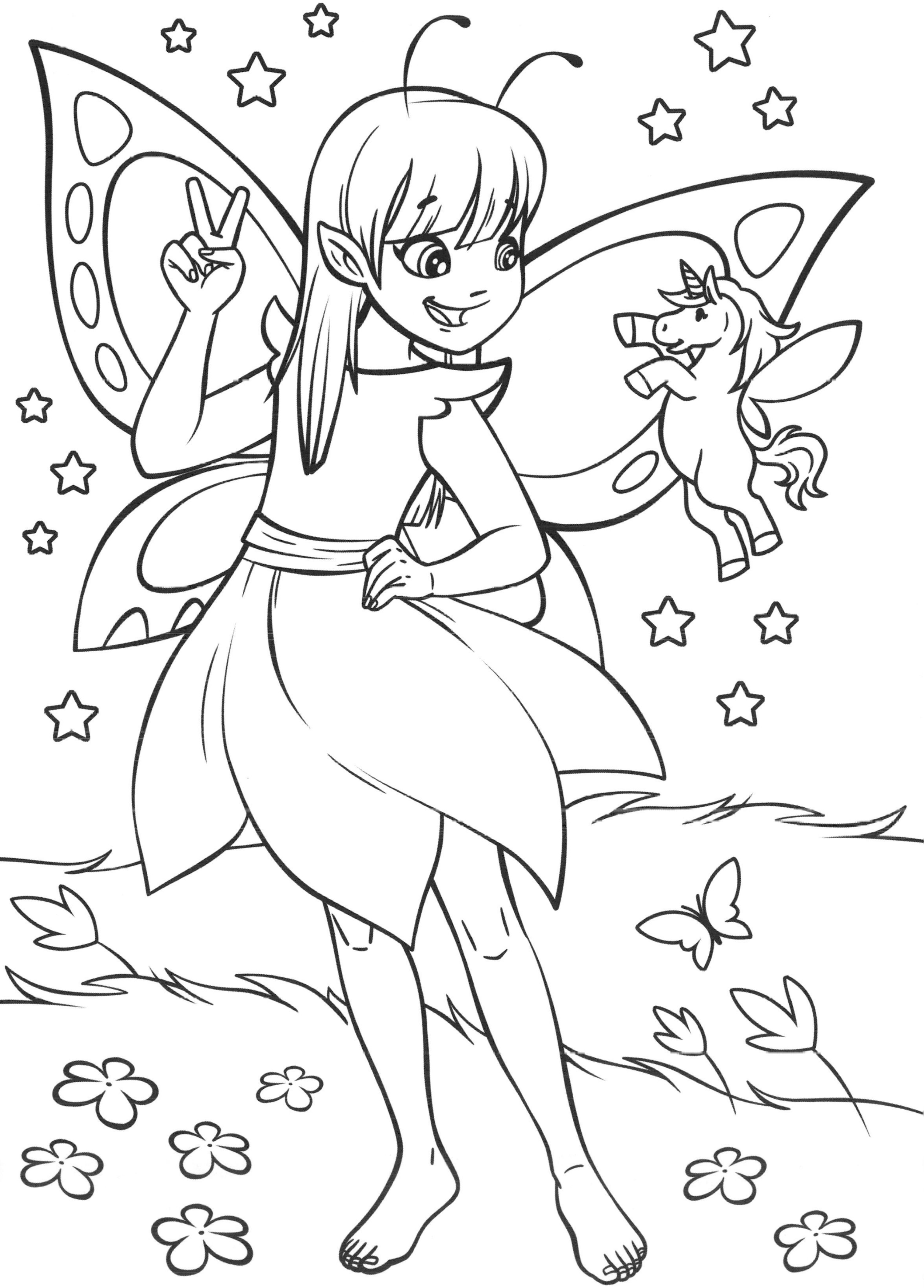

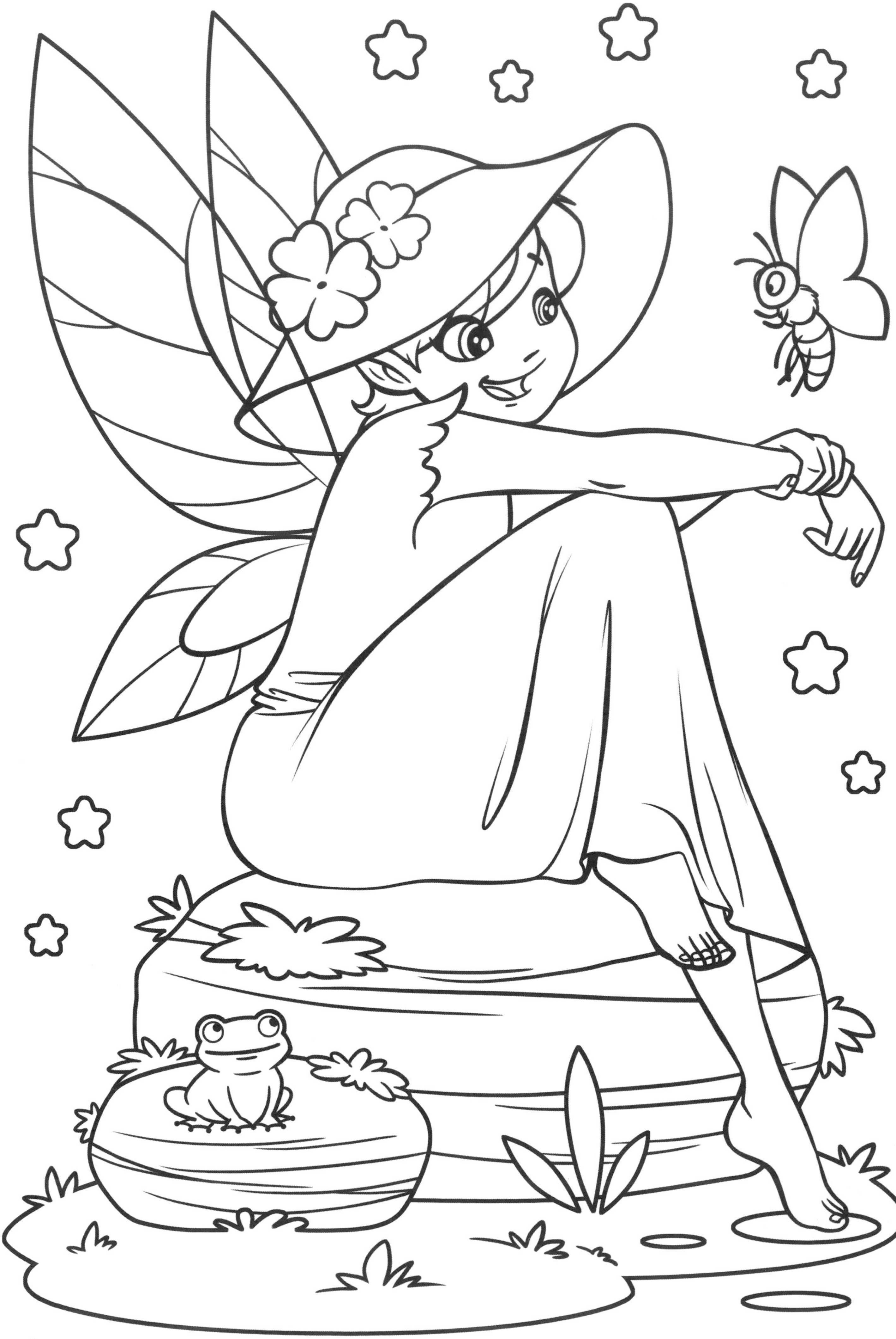

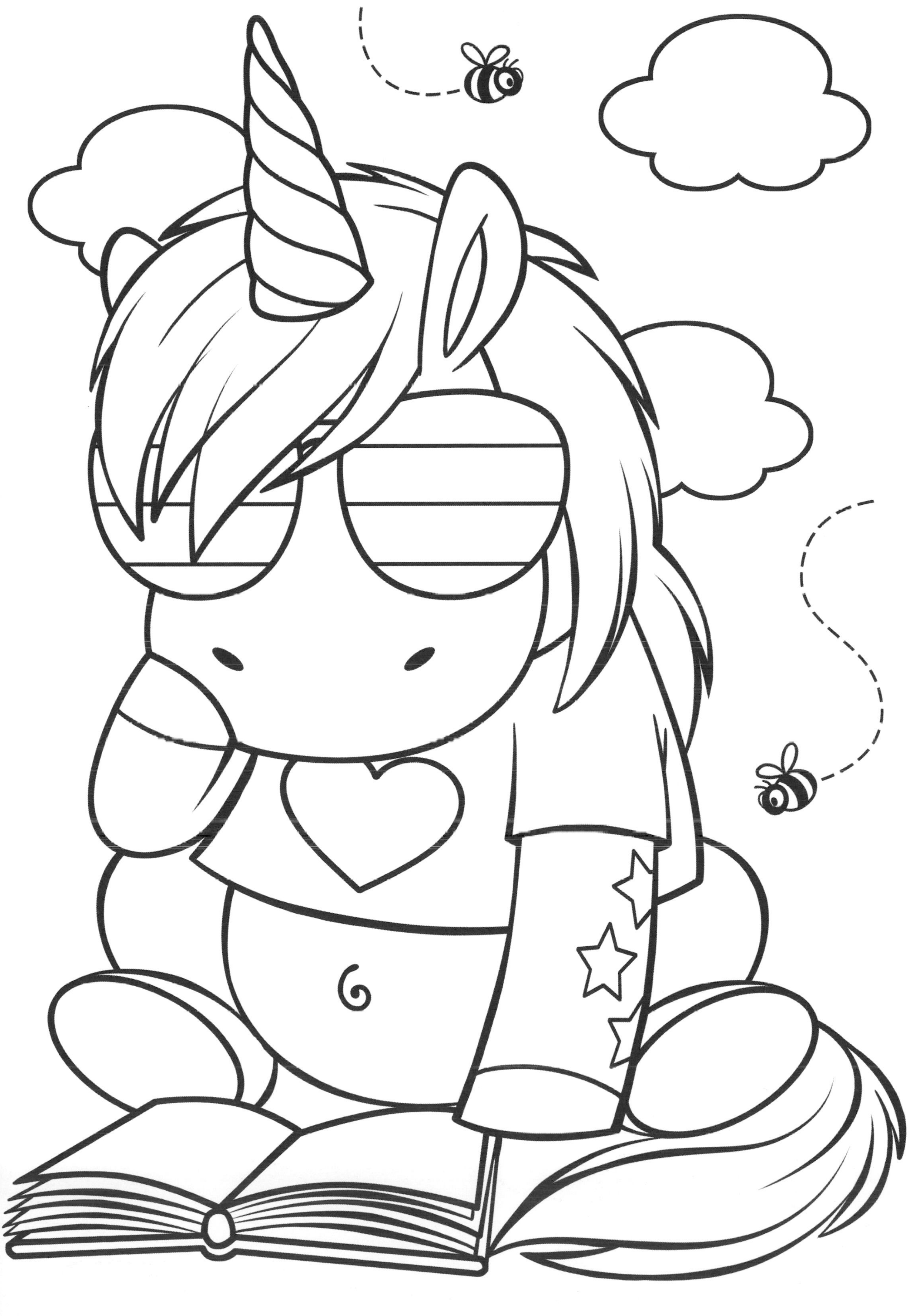

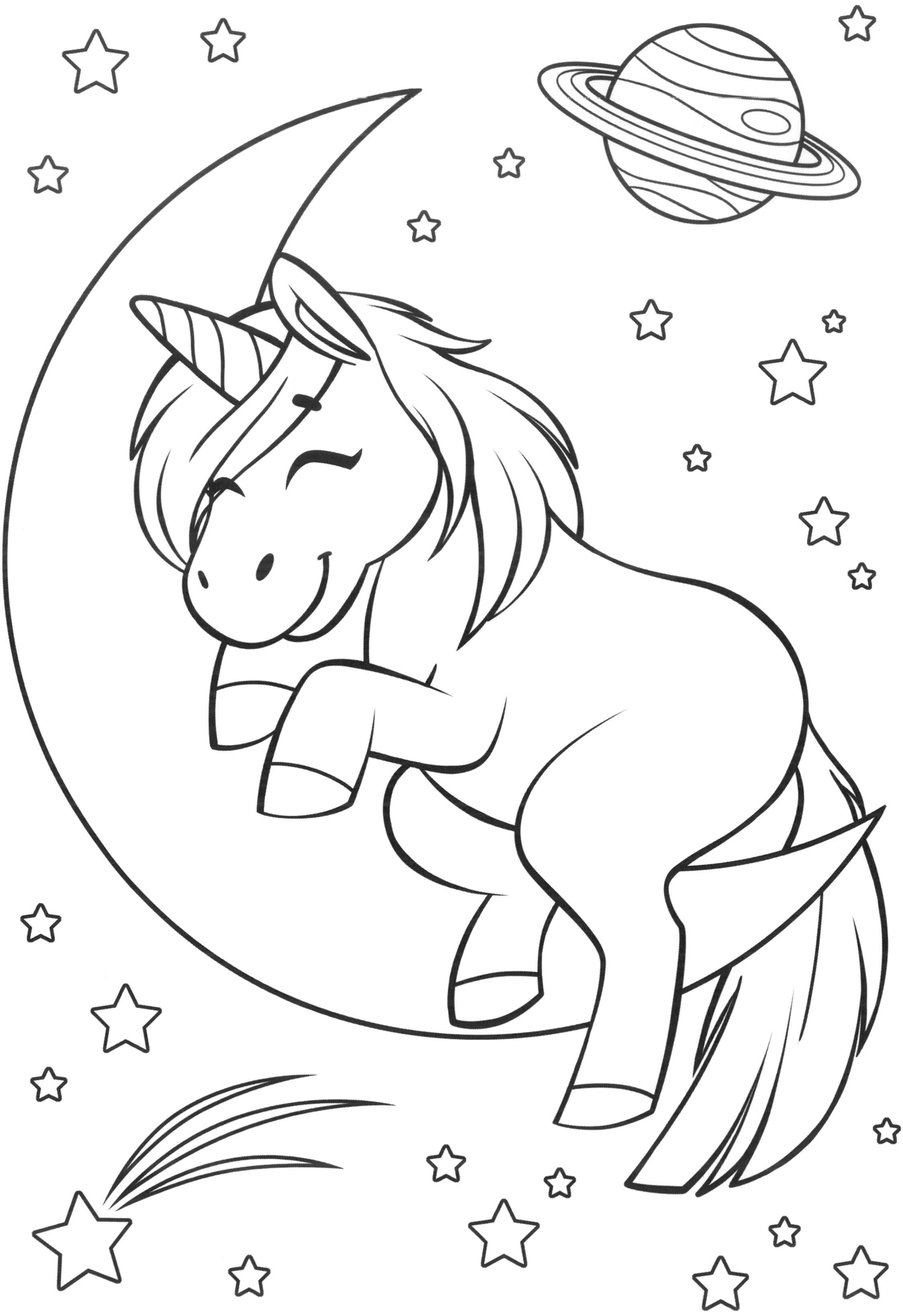

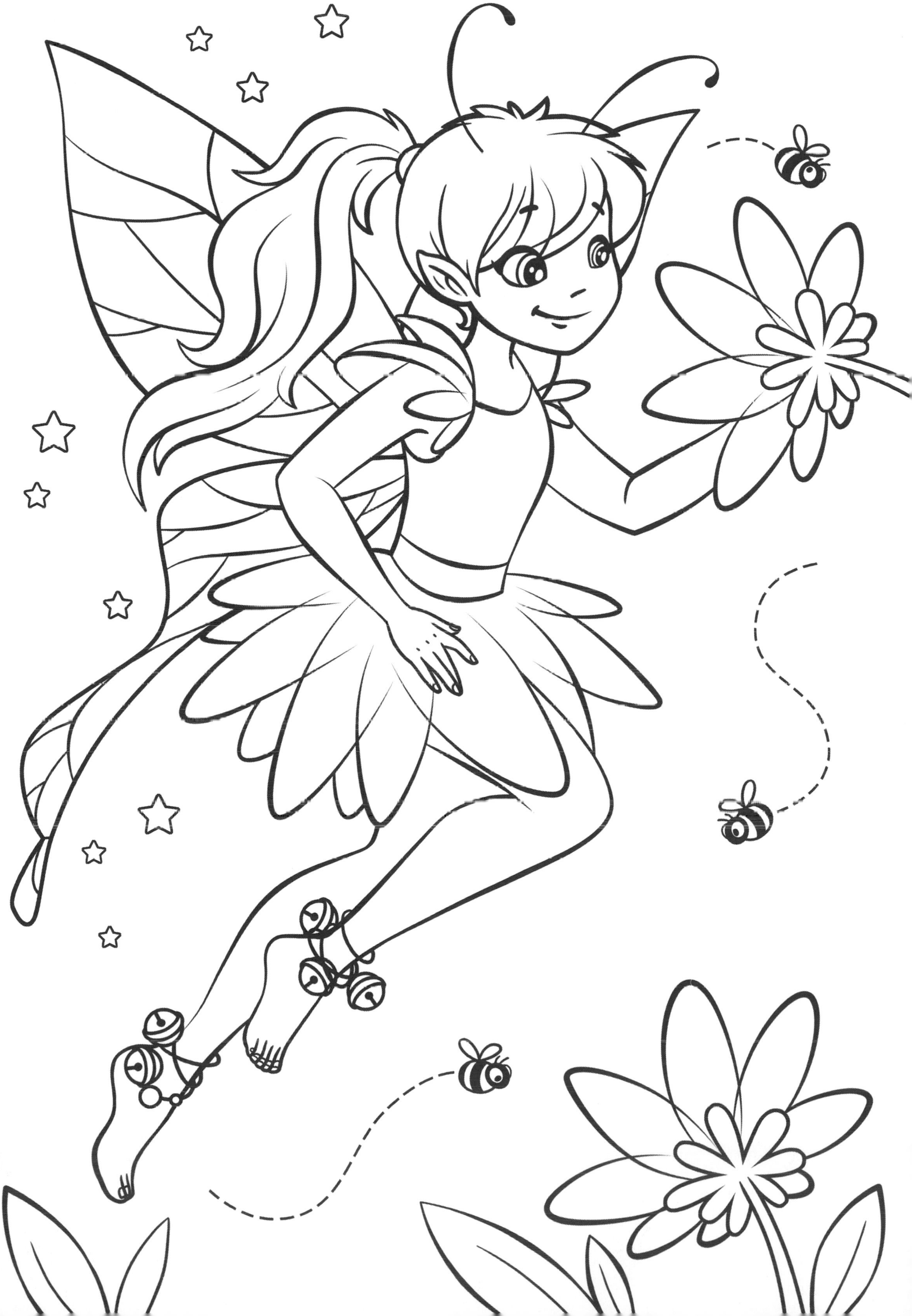

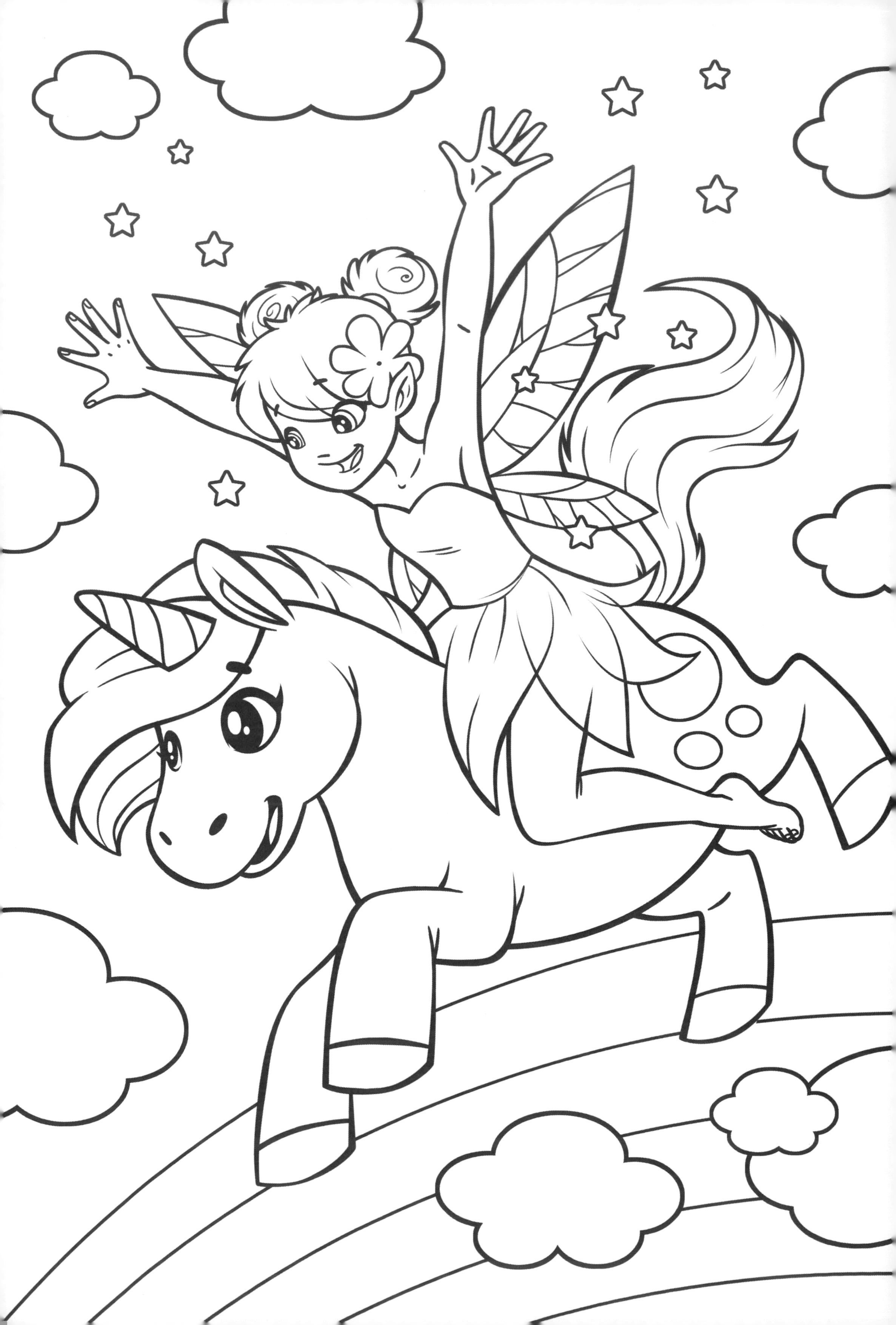

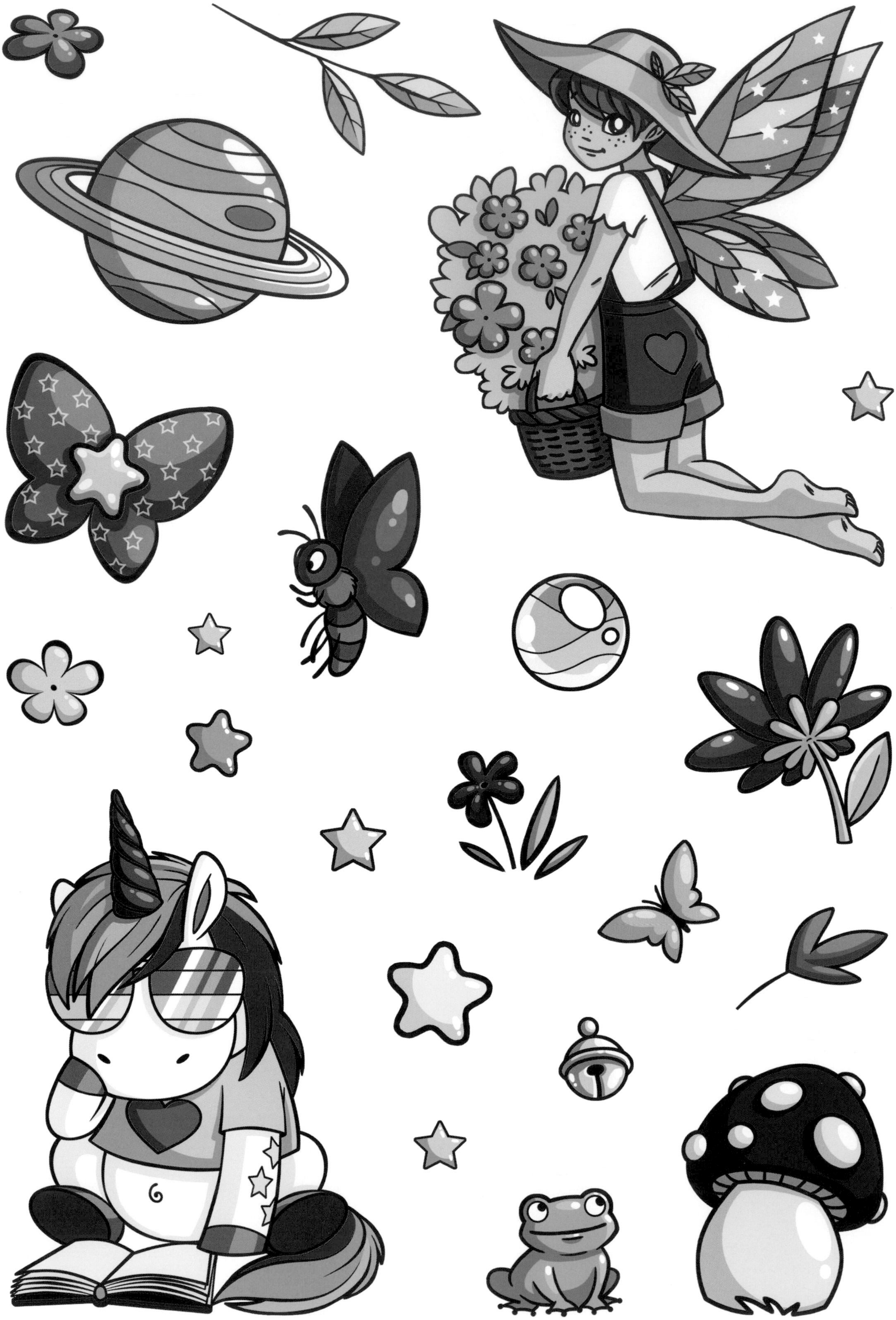

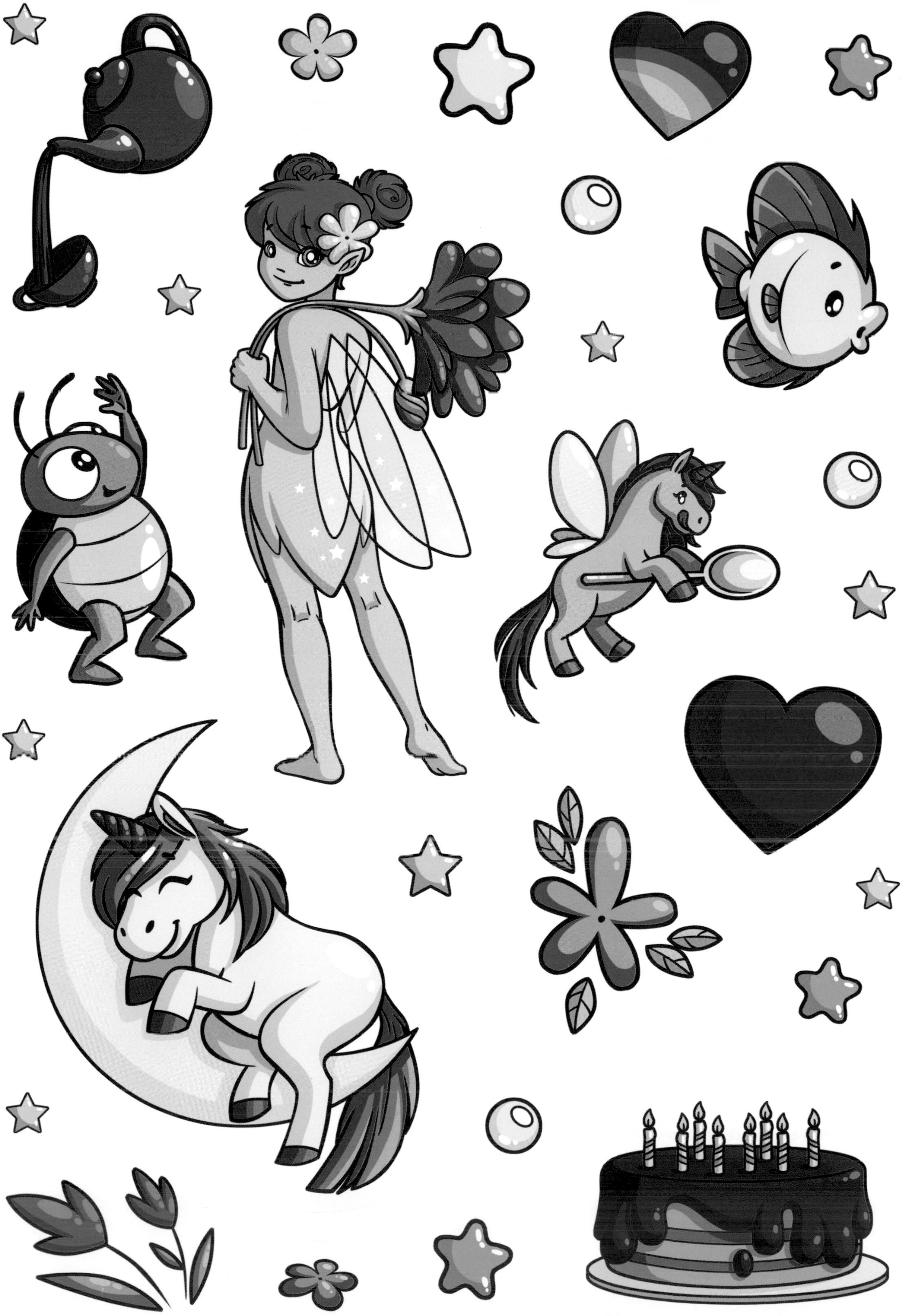

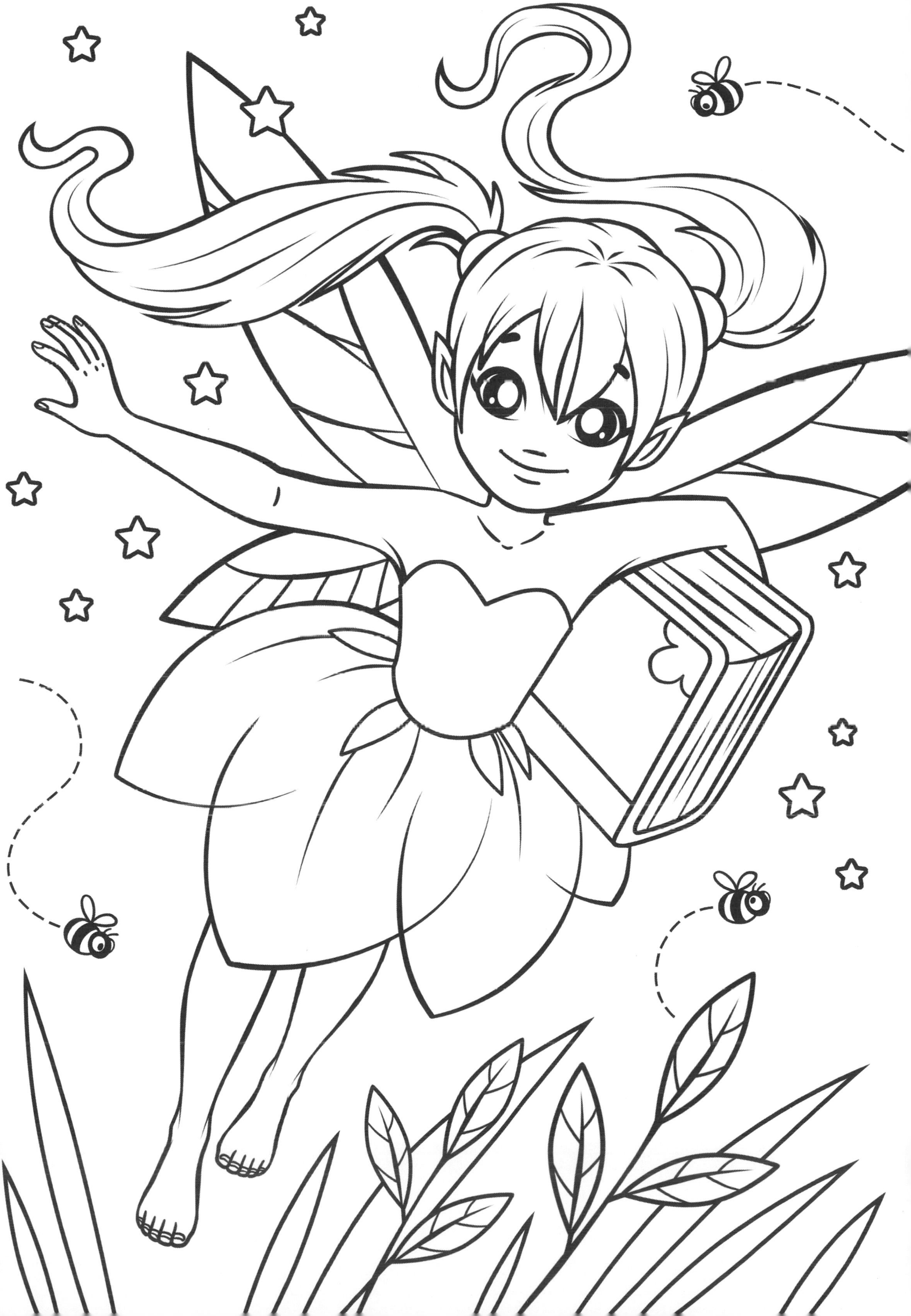

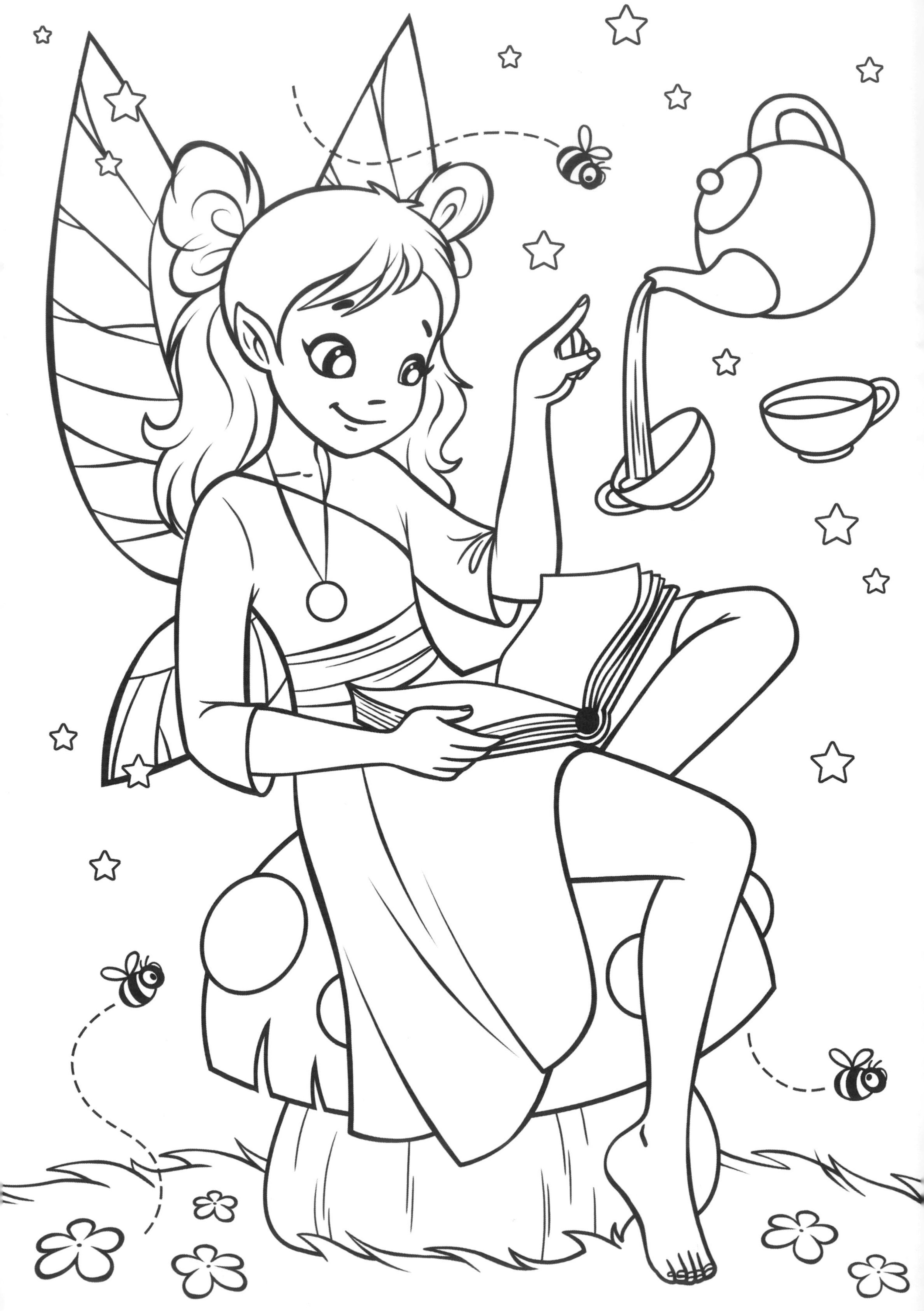

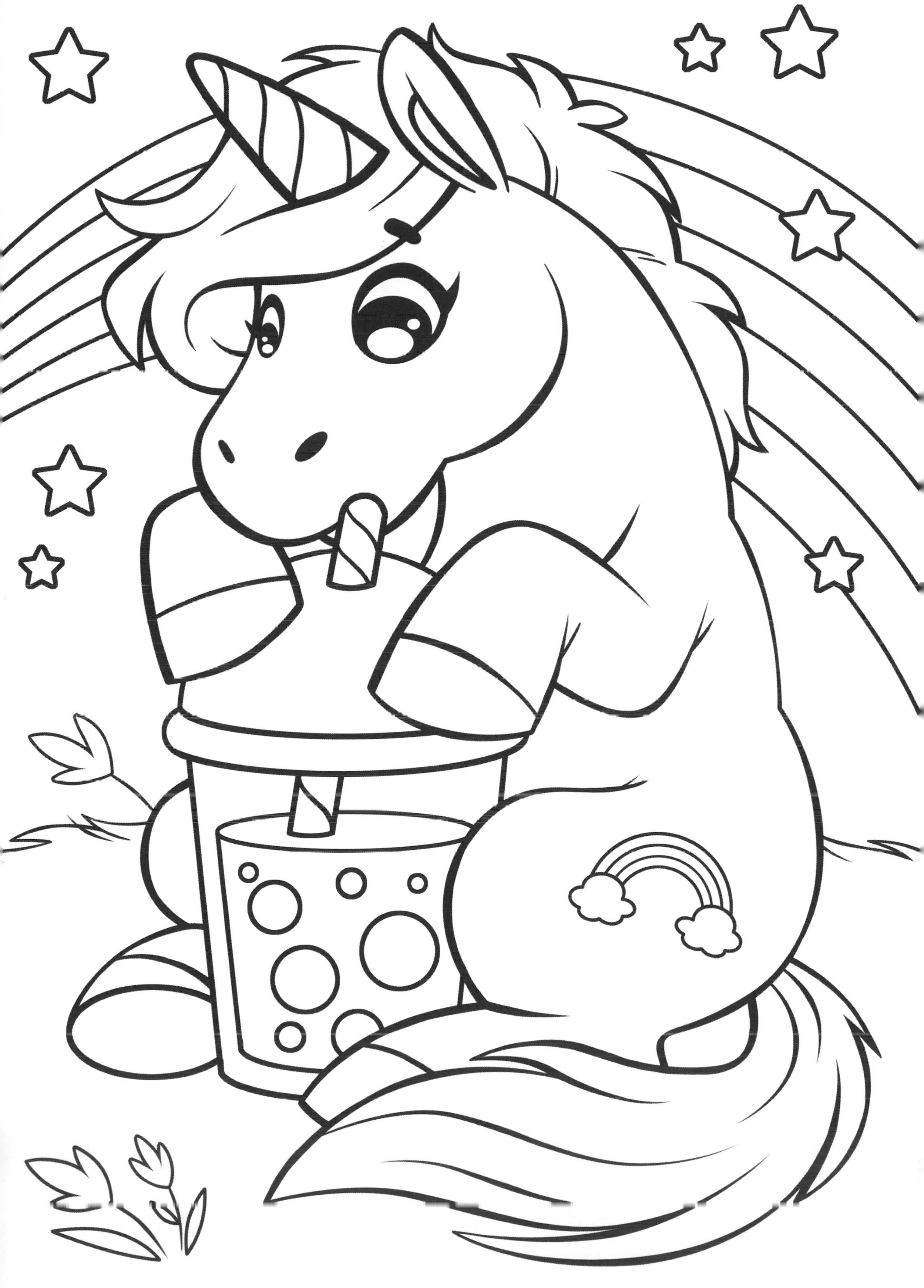

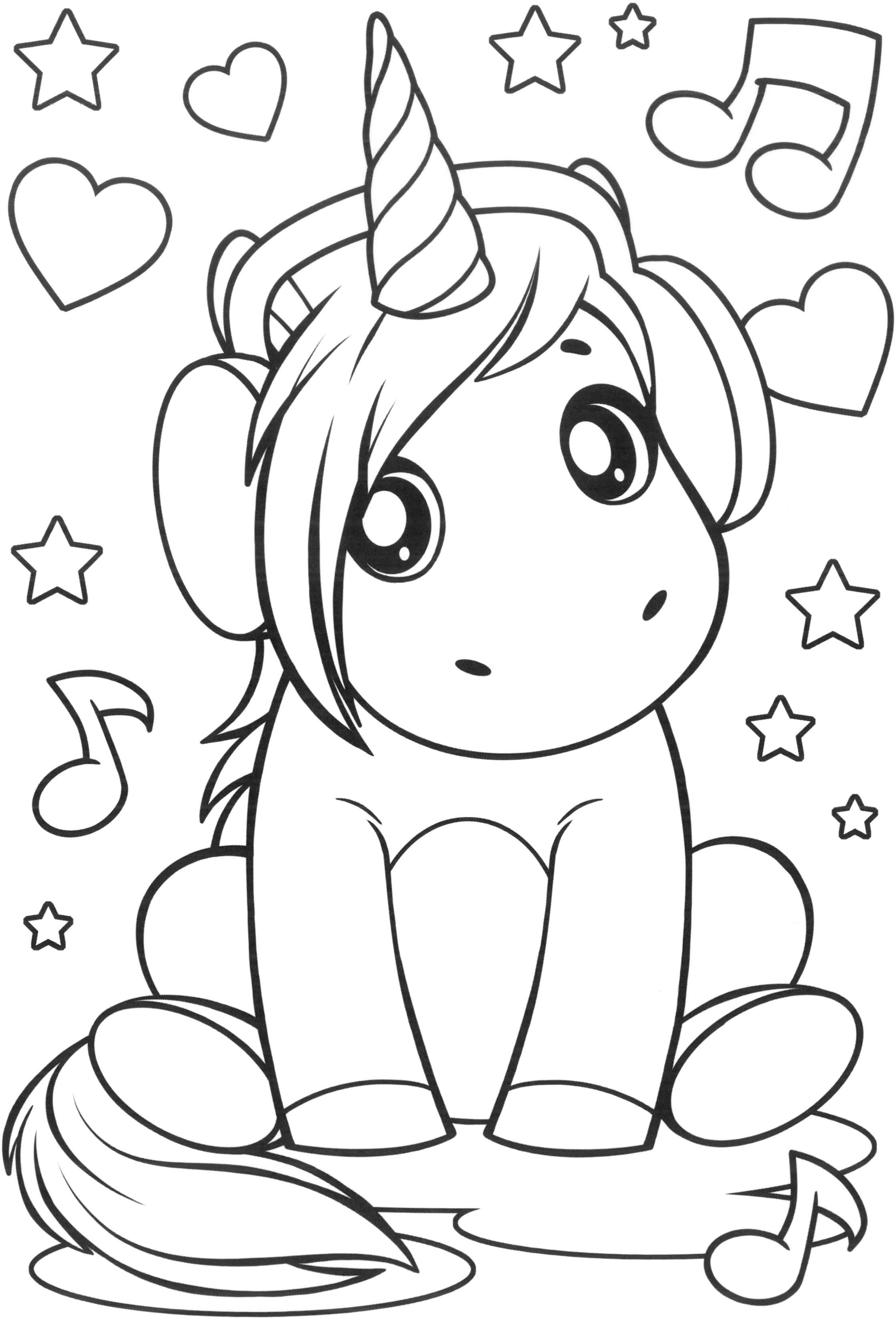

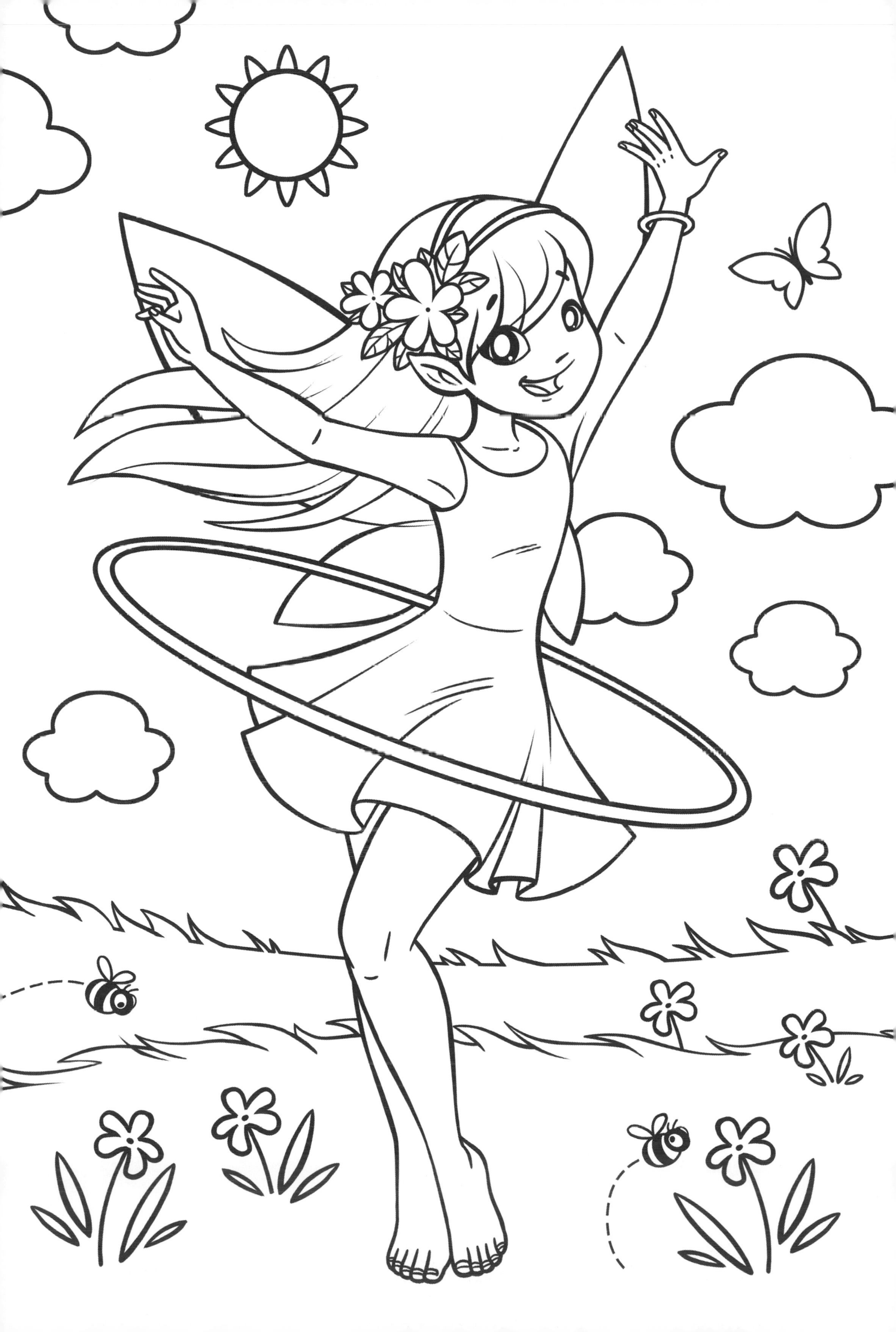

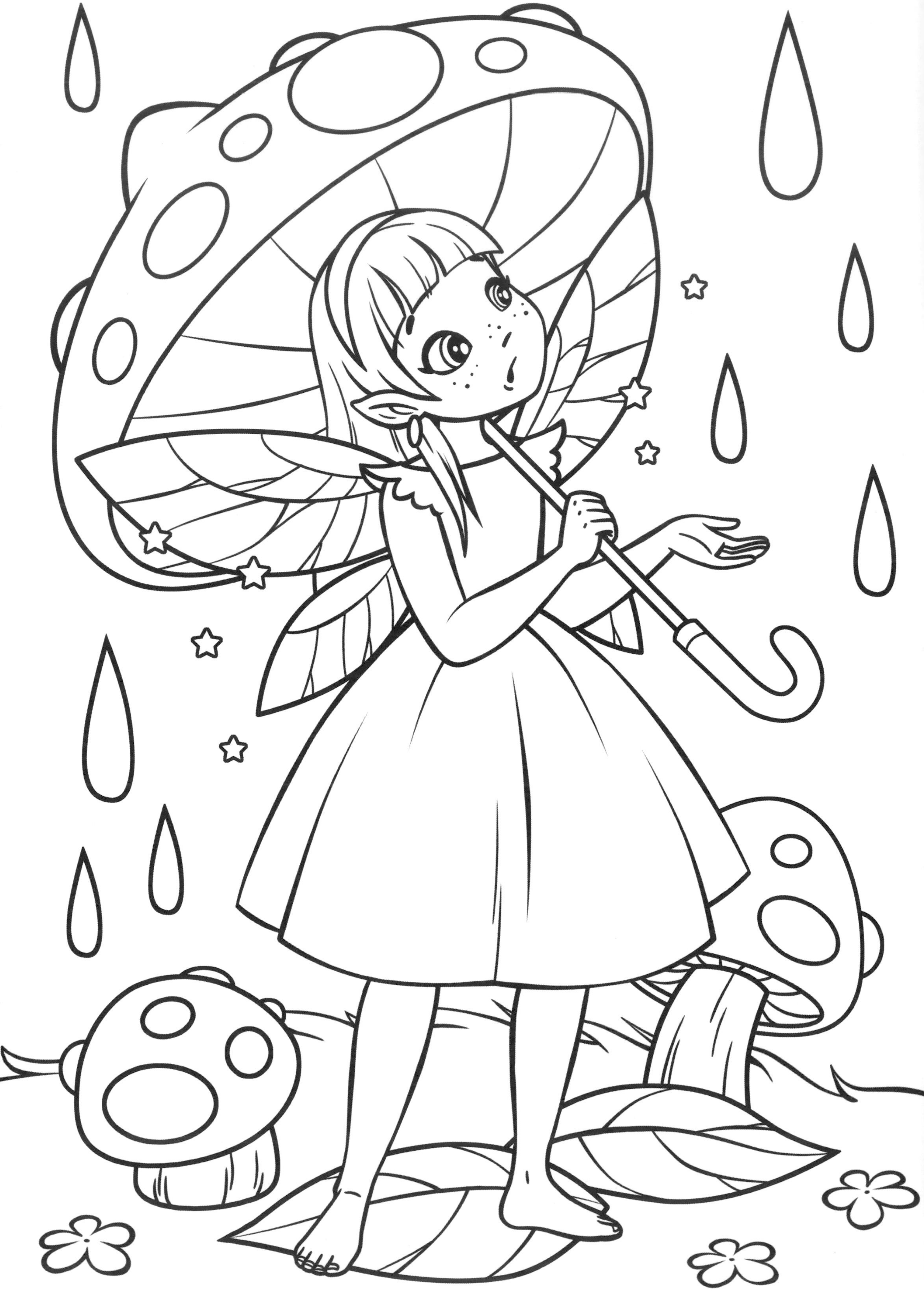

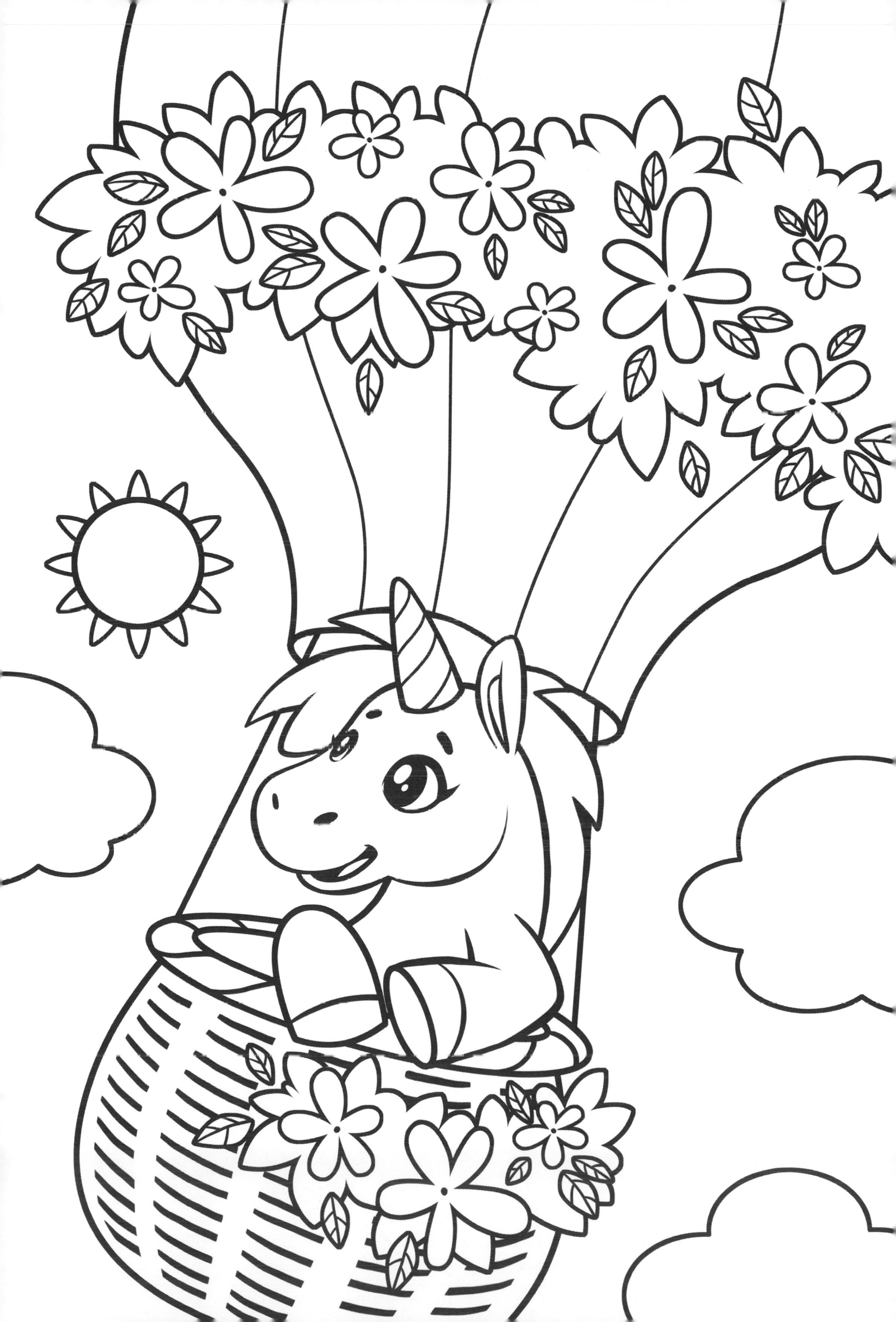

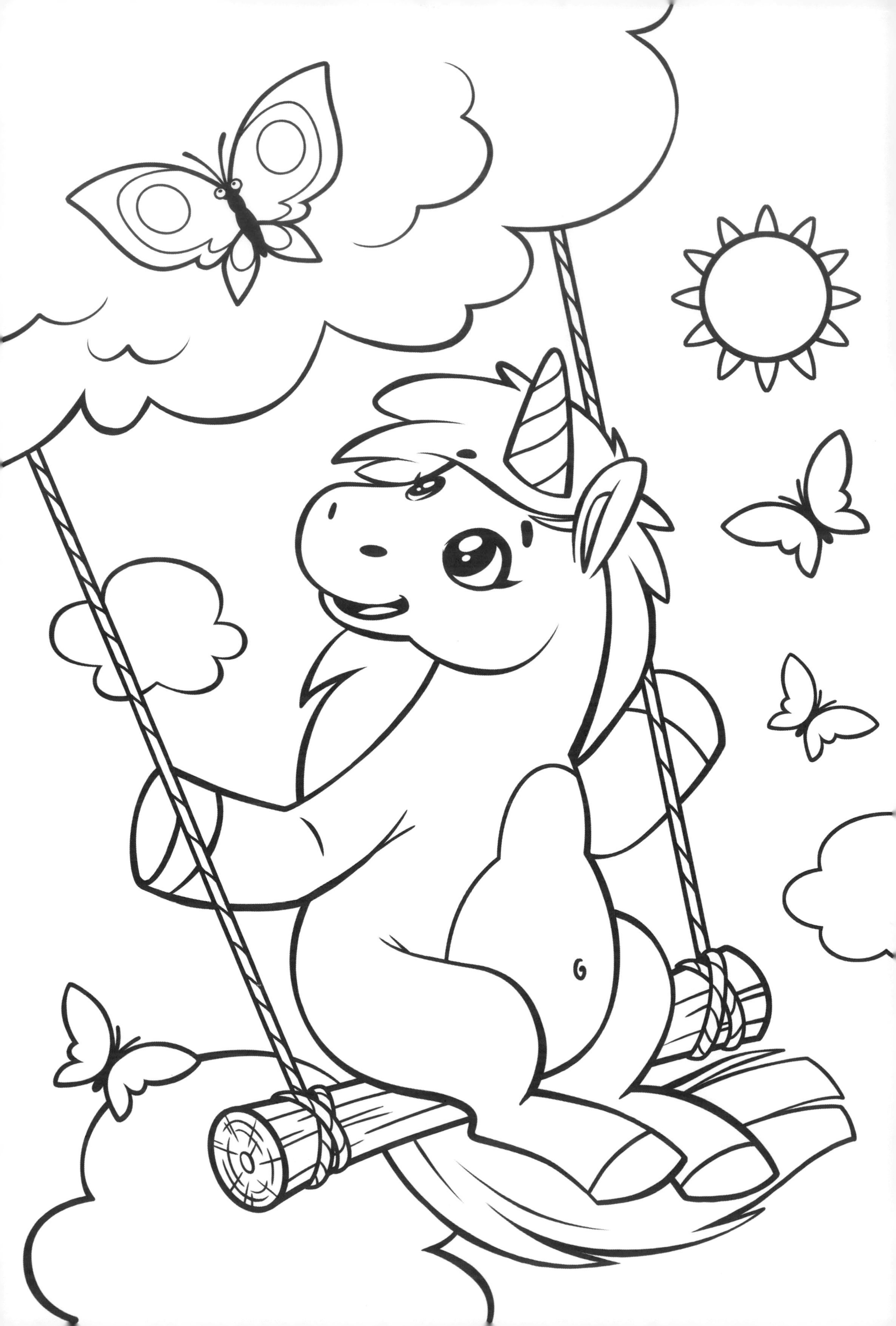

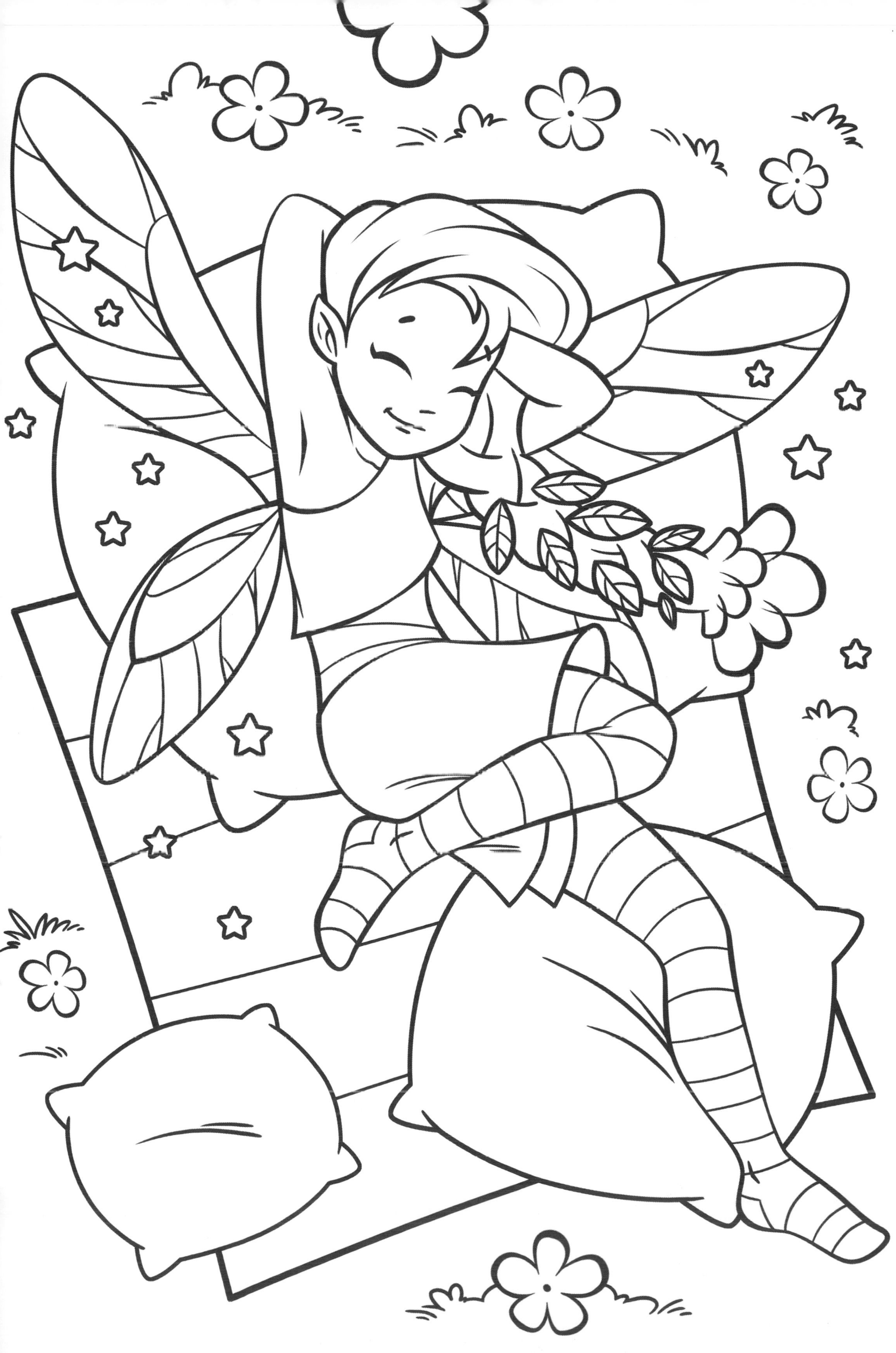

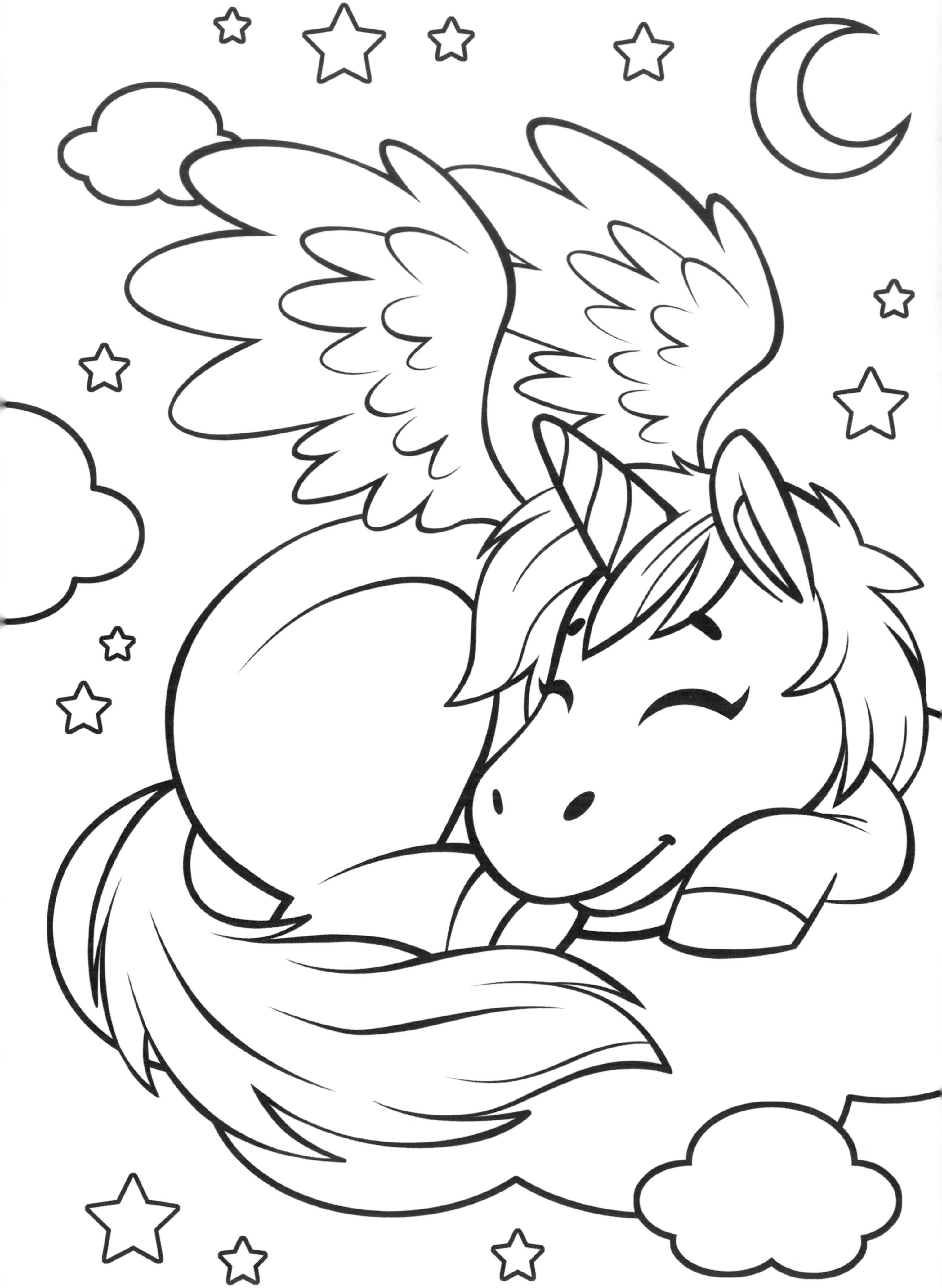

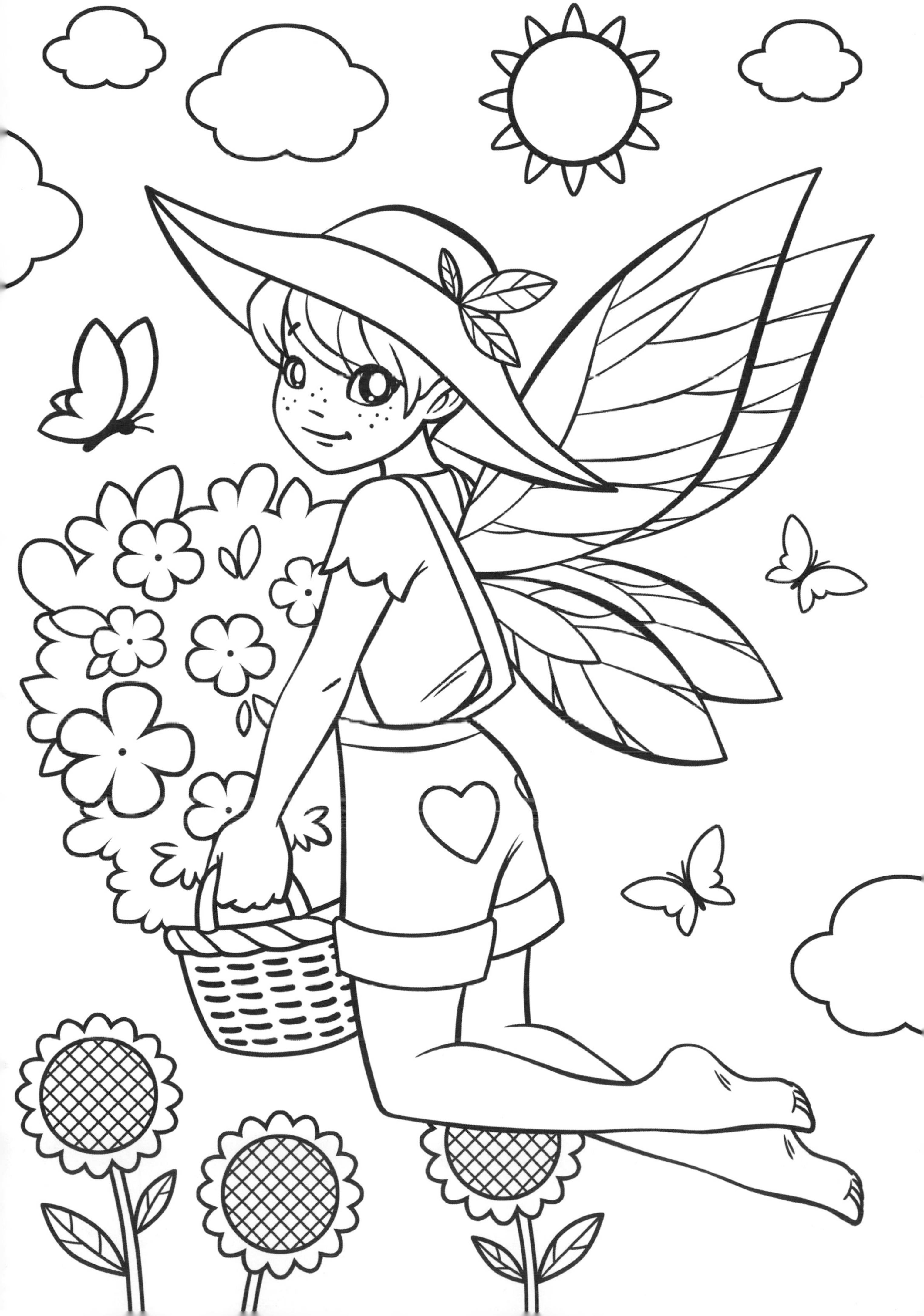

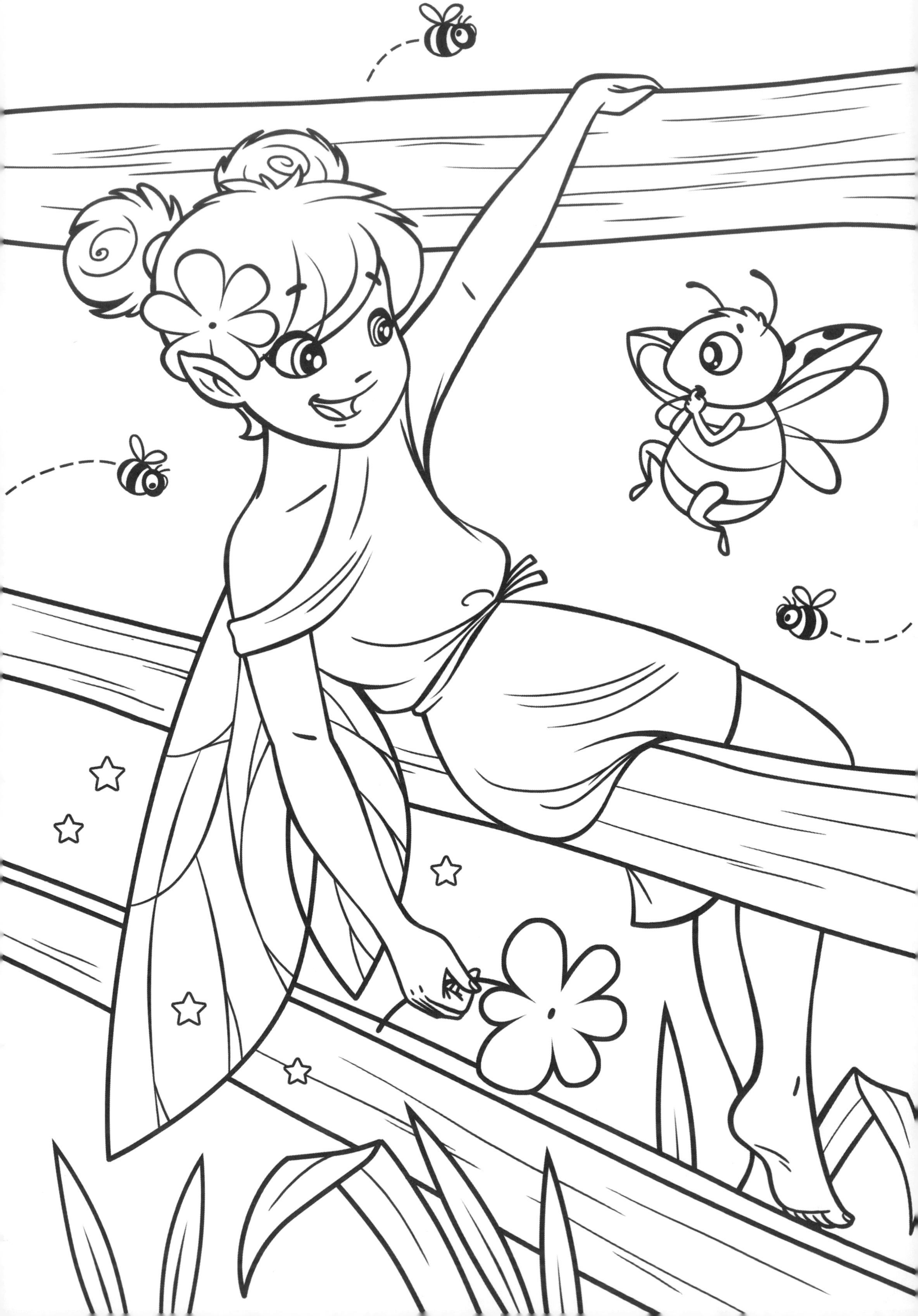

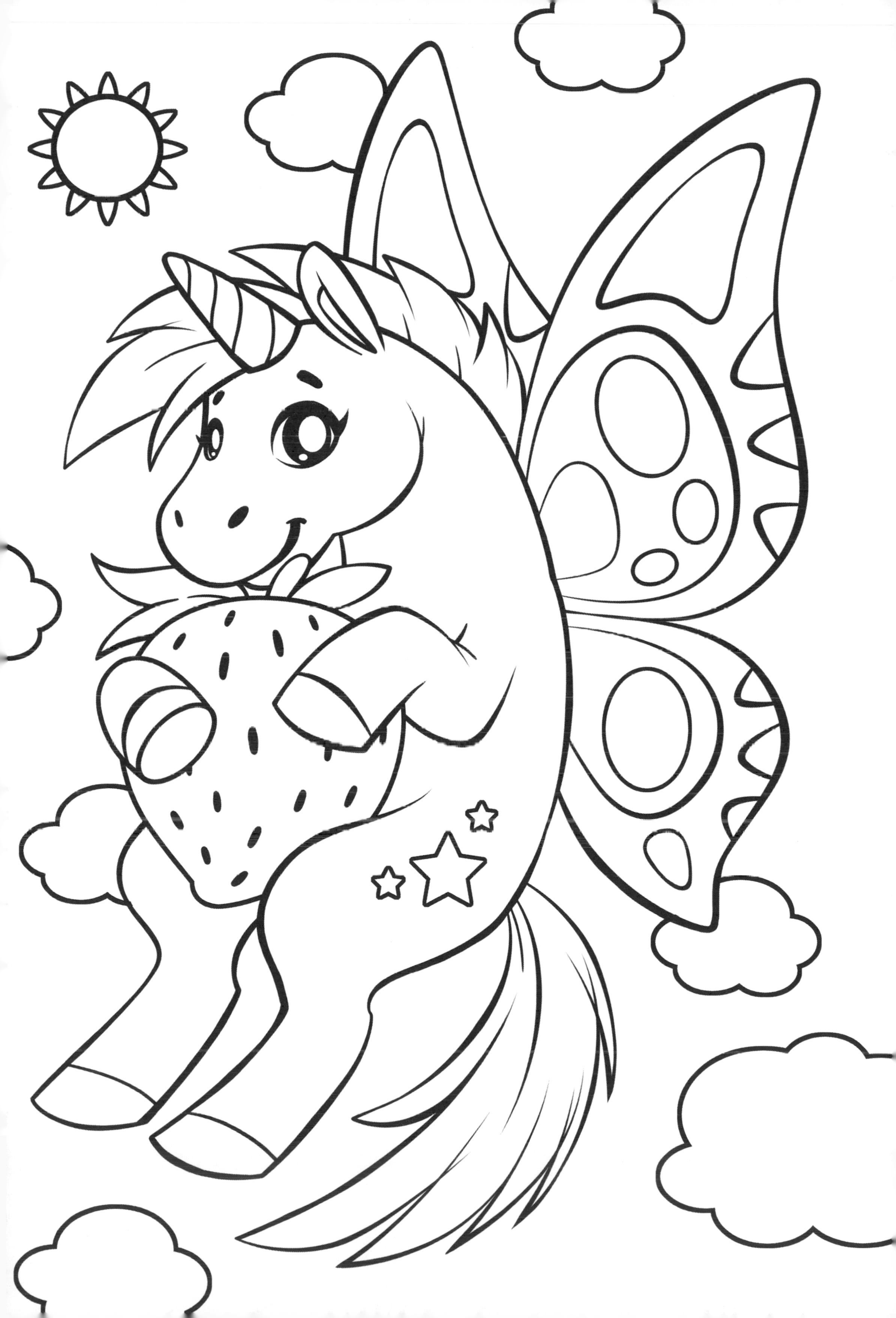

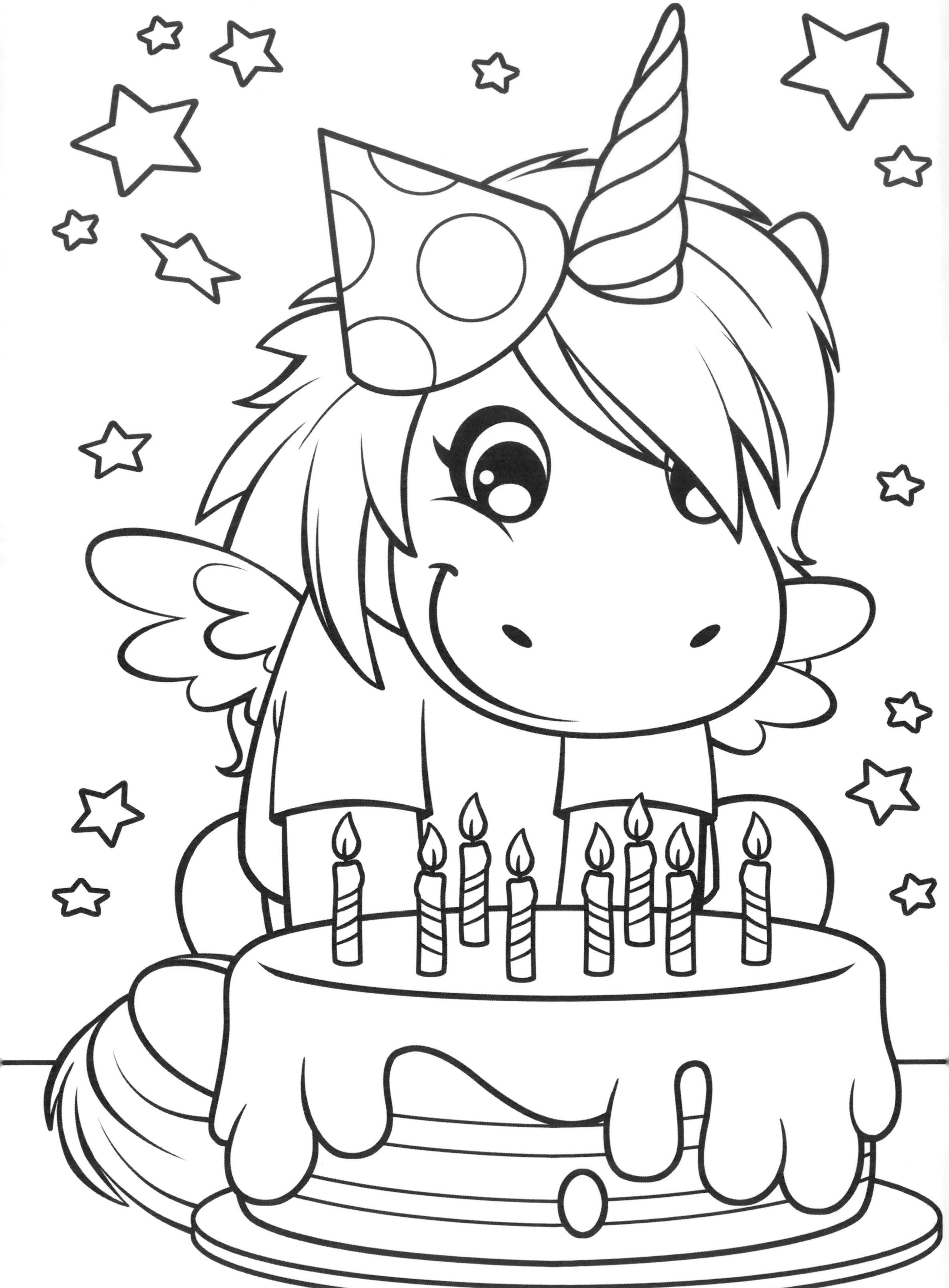

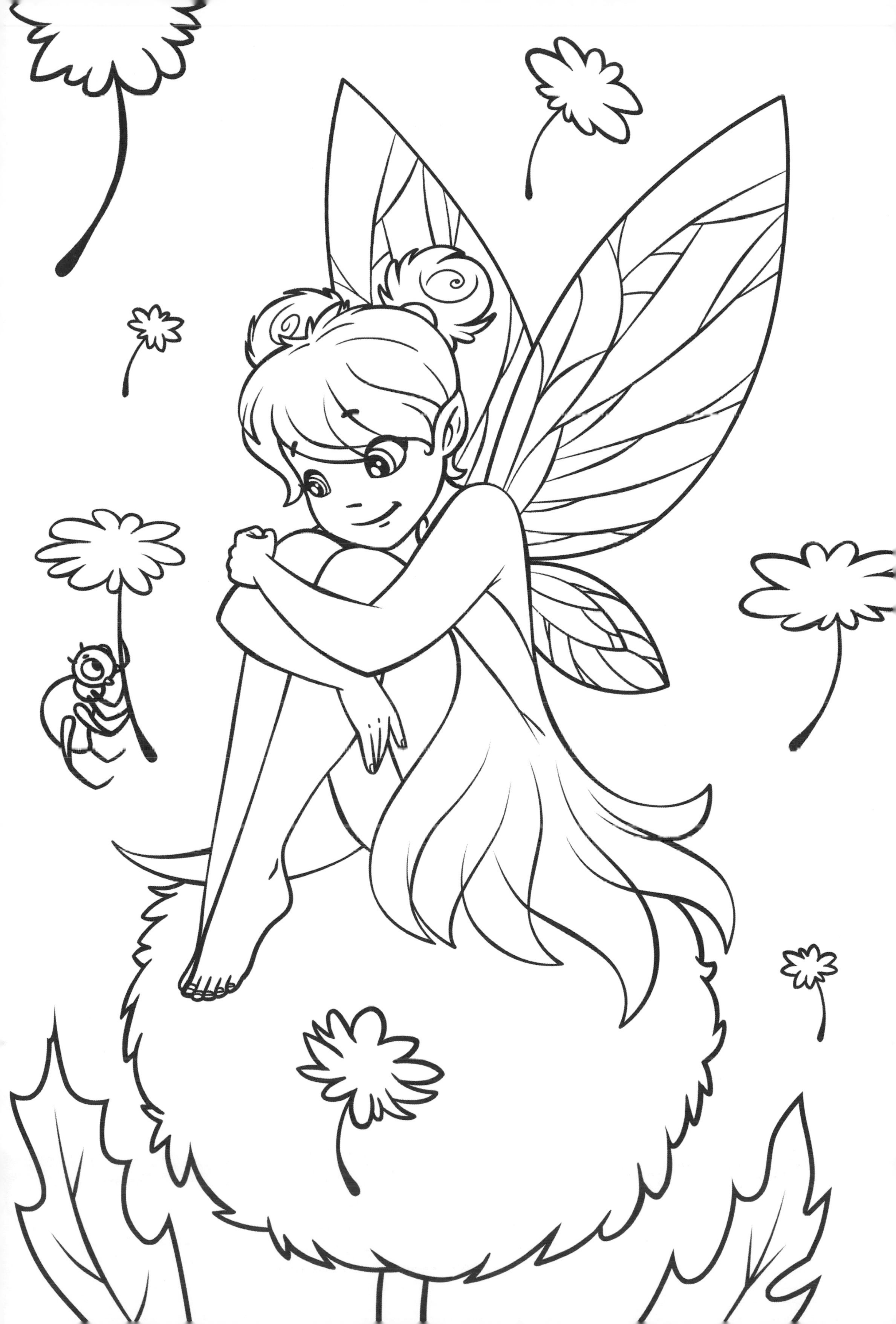

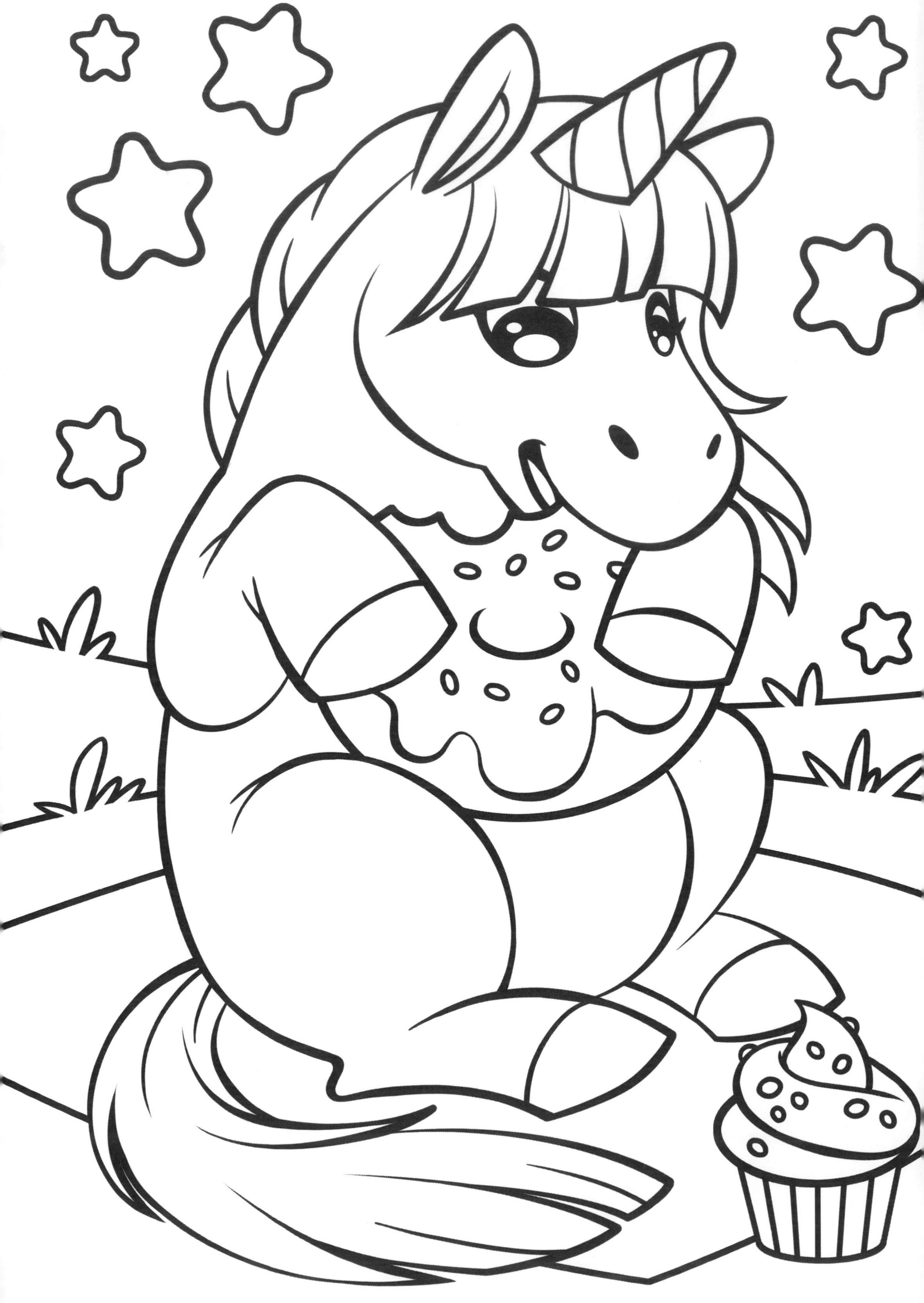